Nikola Hollmann & Andrea Slavik

Heide, Hügel, Heimatliebe

Traumhaft wandern auf dem Hohe Mark Steig

aktiv
KLARTEXT

Bildnachweis

IMAGO: blickwinkel: 17, 34/35, Rupert Oberhäuser: 3, 26/27, Jochen Tack: 4, 70, 77, 92/93, Westend61: 90, Zoonar: 51 o., 54/55, 86, 88; Stefan Ketzinger: 67. Alle anderen Bilder stammen von den Autorinnen.

Bibliografische Information der Deutschen Nationalbibliothek
Die Deutsche Nationalbibliothek verzeichnet diese Publikation in der Deutschen Nationalbibliografie; detaillierte bibliografische Daten sind im Internet über portal.dnb.de abrufbar.

Impressum

1. Auflage April 2022
Satz und Gestaltung: Birgit Lonsdorfer
Lektorat: Kirsten Düspohl
Druck und Bindung:
AALEXX Druck Produktion, Thönser Str. 5a, 30938 Burgwedel
Umschlaggestaltung: Guido Klütsch
Umschlagabbildung: IMAGO/Jochen Tack
Übersichtskarte Seite 6/7: © Regionalverband Ruhr
Kartenerstellung: Leon Thomes
Wanderkarten: © OpenStreetMap-Mitwirkende

ISBN 978-3-8375-2460-4

KLARTEXT

Jakob Funke Medien Beteiligungs GmbH & Co. KG
Jakob-Funke-Platz 1, 45127 Essen
info.klartext@funkemedien.de
www.klartext-verlag.de

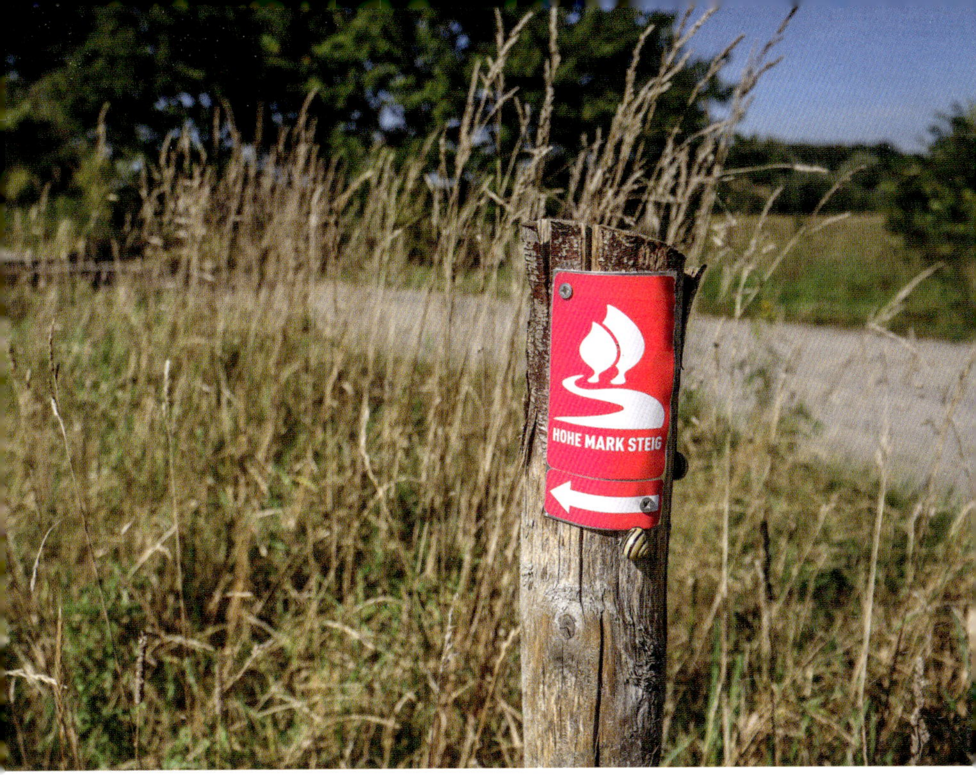

Legende

Startpunkt
Zielpunkt
Zwischenziel
Parkplatz
Haltestelle
Gastronomie
Übernachtung
Sehenswürdigkeit
Kulturstätte
Aussichtspunkt
Naturerlebnis
Freizeitspaß

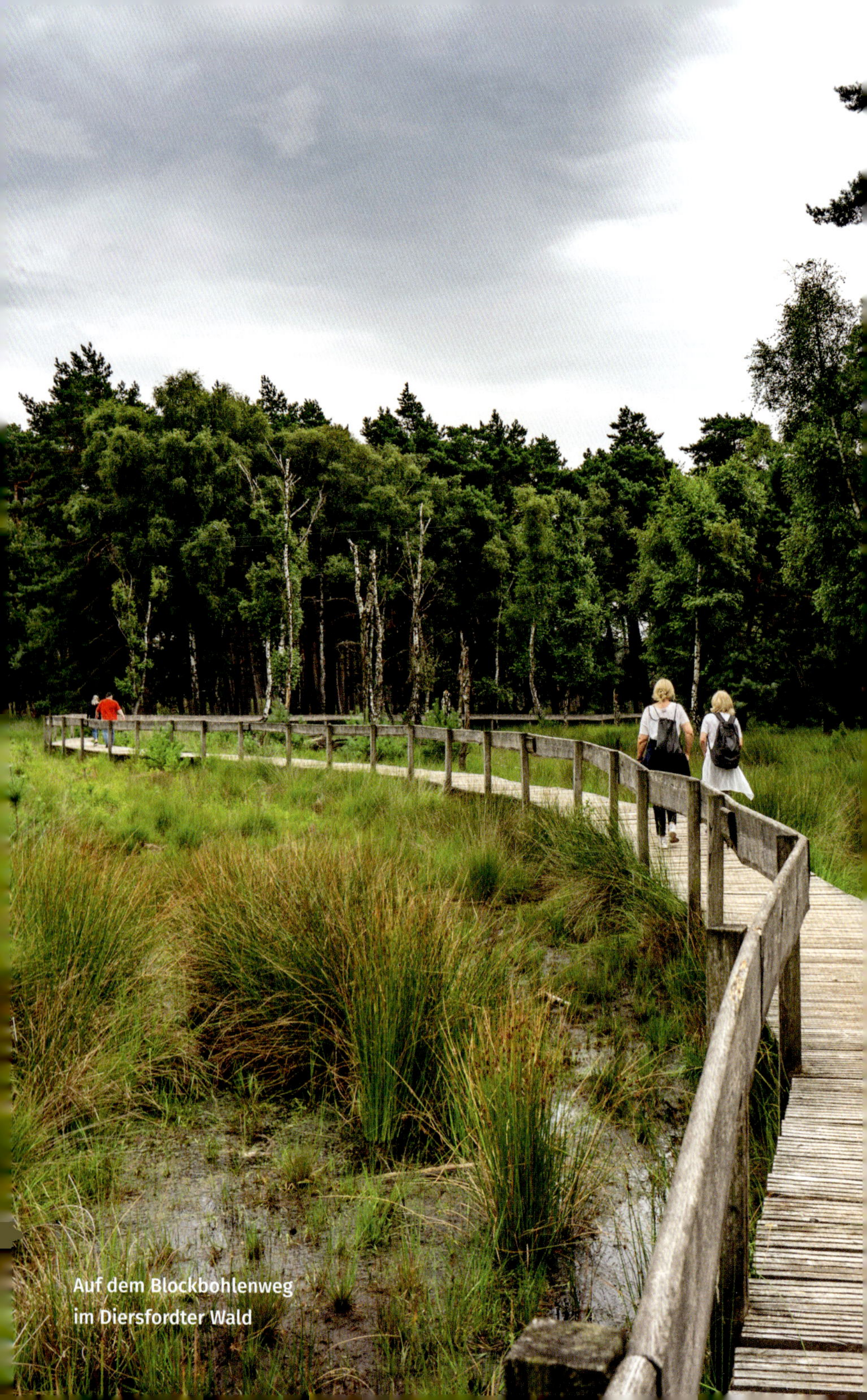

Auf dem Blockbohlenweg
im Diersfordter Wald

Inhalt

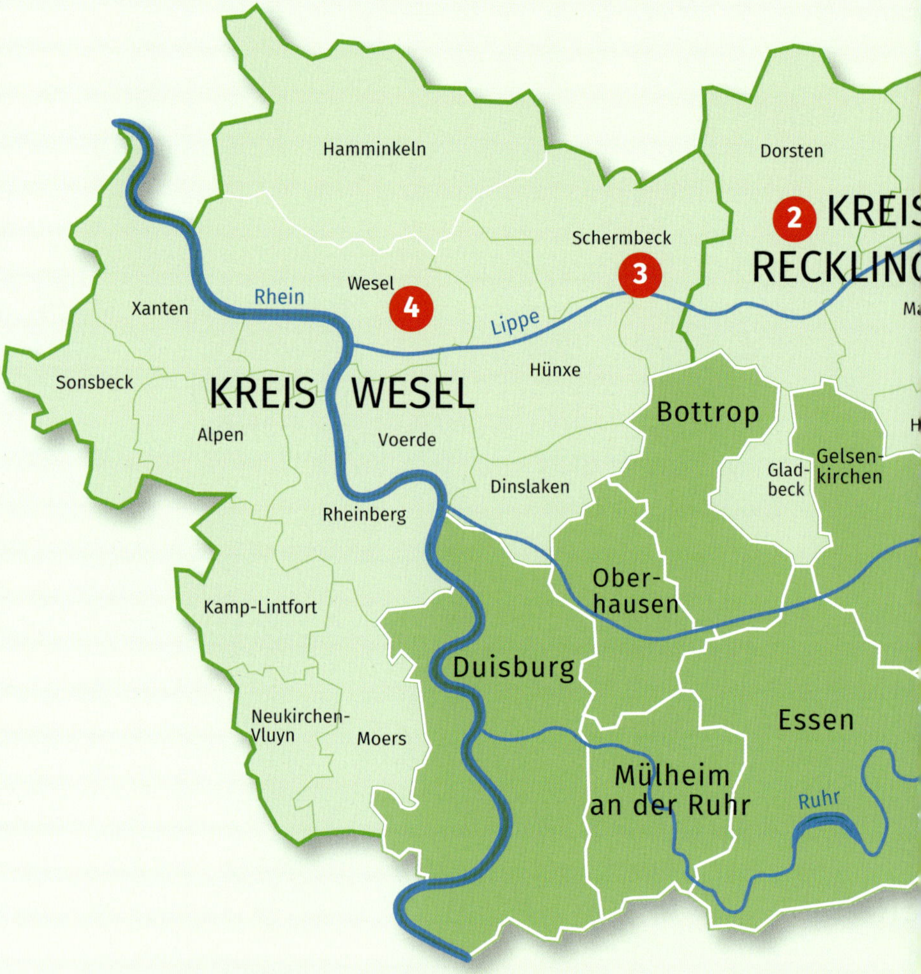

1 Von Haltern nach Lembeck
2 Von Lembeck nach Schermbeck
3 Von Schermbeck zur Bärenschleuse
4 In Wesel, um Wesel und um Wesel herum

5 Von Haltern nach Oer-Erkenschwick
6 Über den Stimberg nach Olfen
7 Von Olfen nach Haltern

Die Etappen in diesem Buch

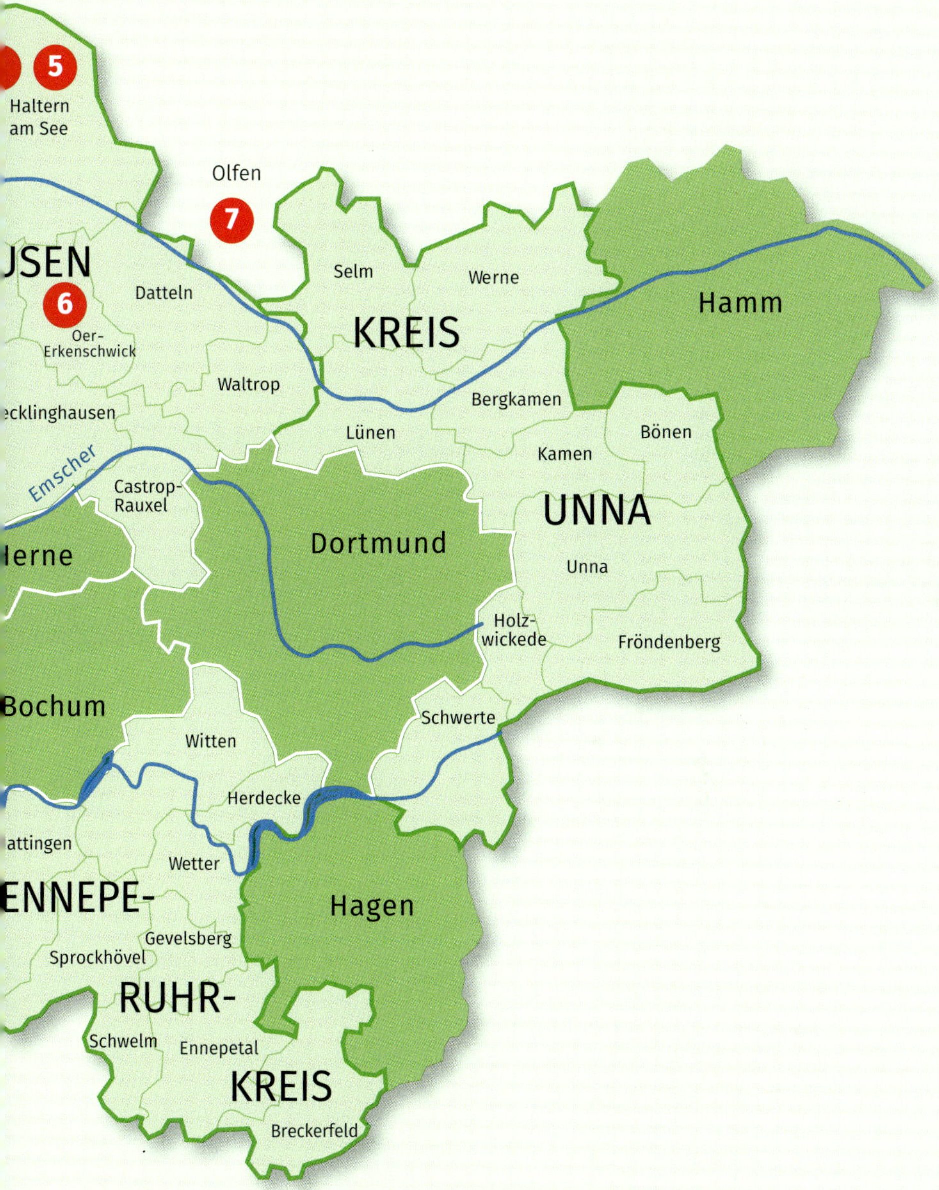

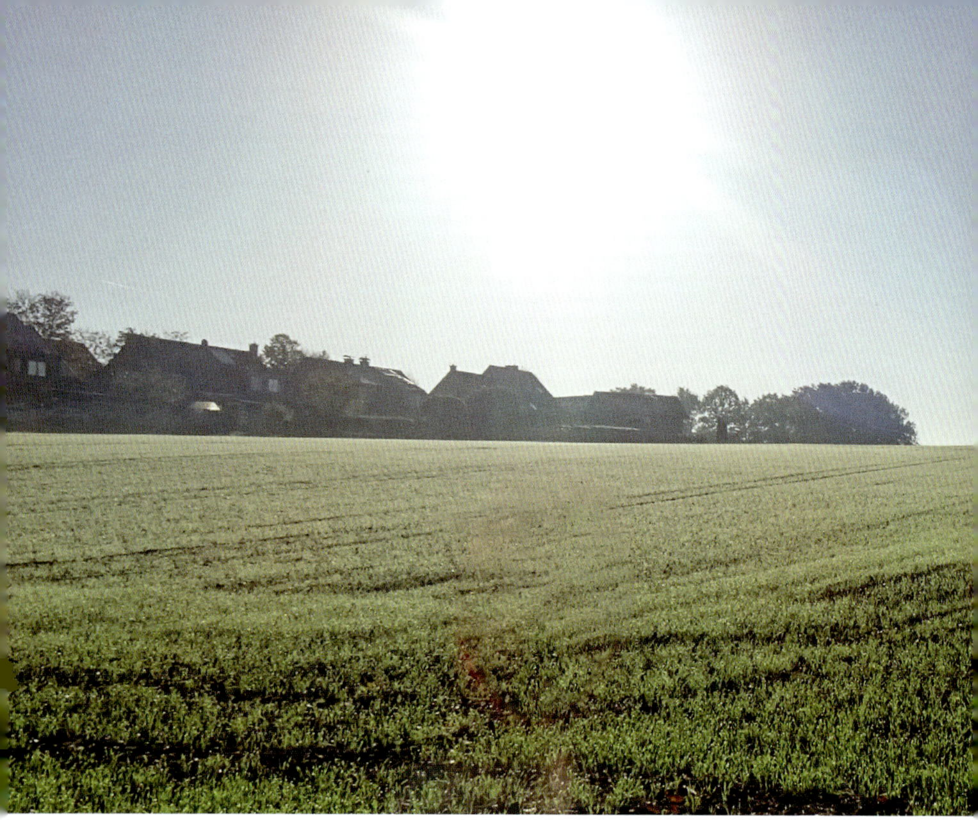

Vorwort

In diesem Wanderführer haben wir für Sie alles zusammengetragen, was es zum genussvollen Wandern auf dem 2021 eröffneten Hohe Mark Steig braucht: verständliche und „Umweg-sichere" Wegbeschreibungen, die auch da noch helfen, wo die Wegschilder wieder einmal abhandengekommen sind, Abkürzungen und Varianten. Dazu eine Zusammenstellung aller Gaststätten und Übernachtungshäuser am Weg und Hinweise für die An- und Abreise für diejenigen, die die Etappen einzeln gehen wollen. Außerdem stellen wir Ihnen alle Sehenswürdigkeiten vor, denen Sie unterwegs begegnen – die kulturellen genauso wie die „natürlichen".

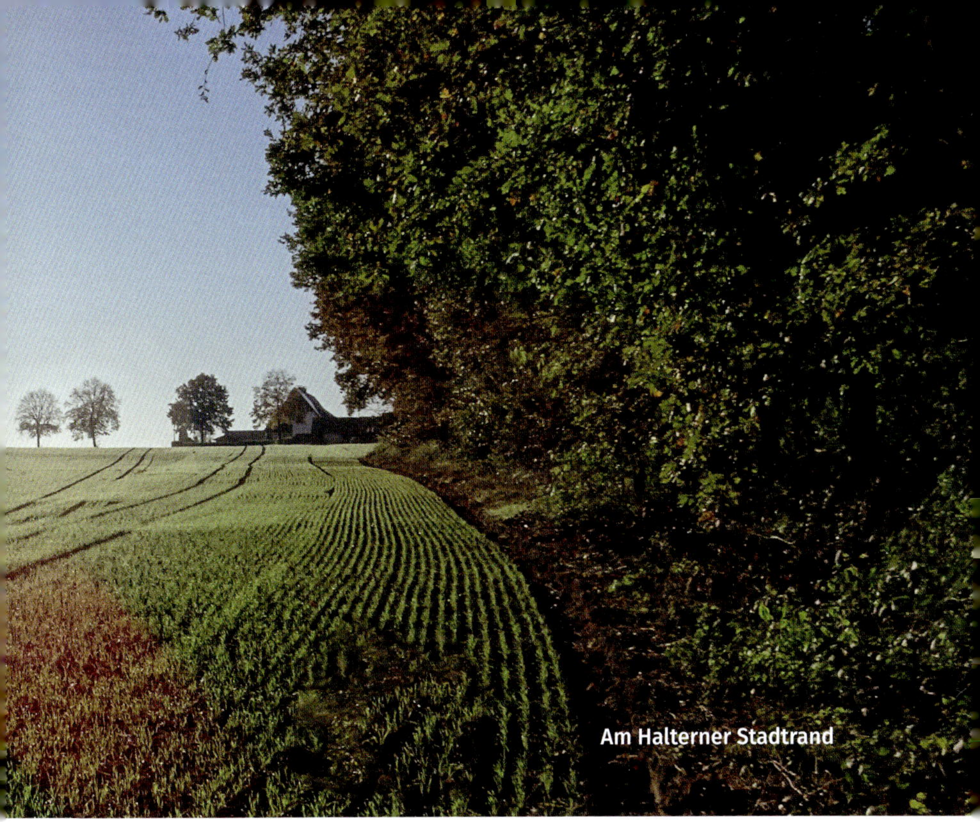

Am Halterner Stadtrand

Die ganze Schönheit dieser Landschaft erkundet der neue Steig auf sieben Etappen: kleine verwunschene Moore, Feuchtwiesen und sandige Hügel, Heidelandschaften, sich selbst überlassene Wälder, die sich in Wildnisse zurückverwandeln dürfen, riesige Wildschutzgebiete, in denen man mit etwas Glück sogar dem König der Wälder, dem Hirsch, begegnen kann, Seen und Flüsse – von der Stever bis zum Rhein. Ergänzt von ganz viel Kultur: Dazu gehören die münsterländische Parklandschaft, Schlösser und Mühlen – und nicht zuletzt die Ruhrgebiets-Industriekultur rund um den Wesel-Datteln- und den Dortmund-Ems-Kanal mit seiner „Alten Fahrt“ bei Olfen.

Nikola Hollmann & Andrea Slavik

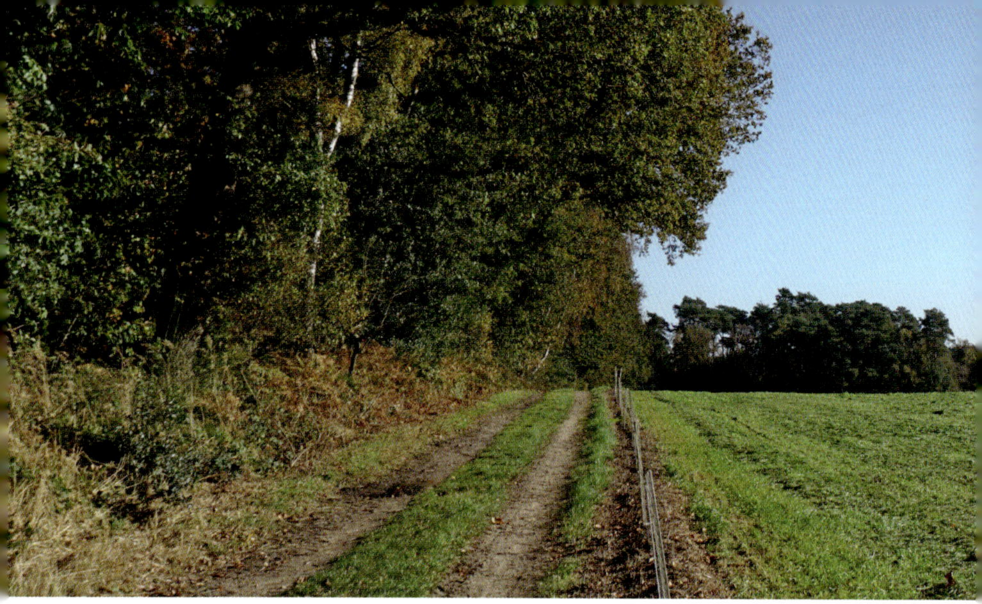

Der Naturpark Hohe Mark

An der Schnittstelle zwischen Ruhrgebiet, Niederrhein und Münsterland reicht der Naturpark von Wesel im Westen bis nach Olfen im Osten und umfasst knapp 2000 Quadratkilometer. Seinen Namen hat er entliehen von einer seiner Kernlandschaften, der Hohen Mark nordwestlich von Haltern. Das kleine, in der Eiszeit aus Sandstein gebildete Hügelland ist, von wenigen Bauernschaften abgesehen, fast unbewohnt.

Im Naturpark verlaufen insgesamt fast 1900 Kilometer Wanderwege – kein Wunder, dass man hier trotz der unmittelbaren Nähe zu der riesigen Ruhr-Metropole mit ihren mehr als fünf Millionen Einwohnern immer wieder auf Strecken unterwegs ist, auf denen man kaum einer Menschenseele begegnet.
Den größten Erholungswert bietet der Naturpark allerdings durch den nicht nur für Ruhrgebietsverhältnisse bemerkenswert ausgedehnten und naturnahen Wald: Immerhin 35 Prozent der Gesamtfläche sind Wälder – und der Hohe Mark Steig führt durch sie hindurch. Heute stellt man sich gerne vor, dass vor der Industrialisierung die Wälder viel größer gewesen sein müssen, als wir sie heute kennen. Das Gegenteil ist oft der Fall: Vor rund 200 Jahren war in

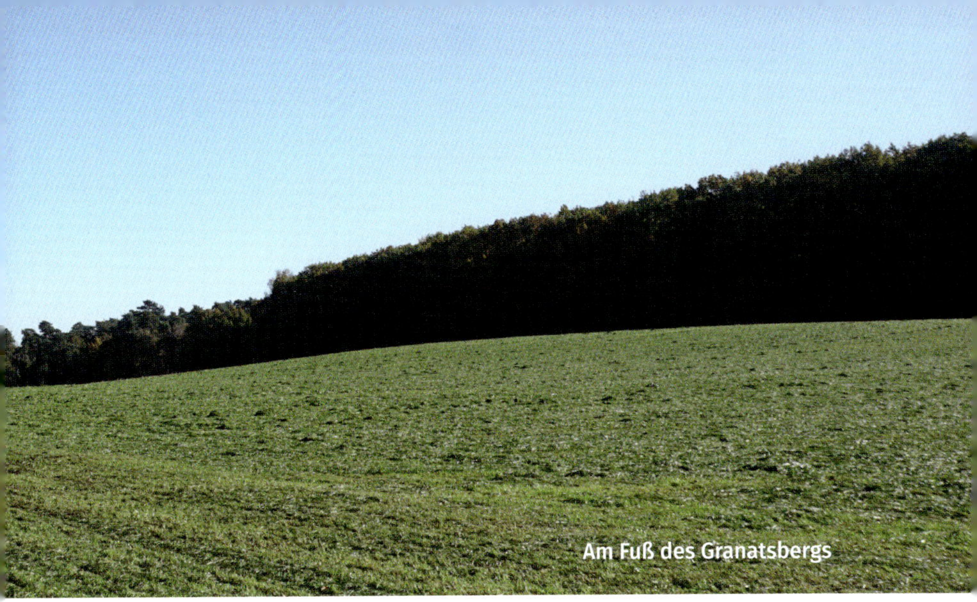

Am Fuß des Granatsbergs

dieser Region so gut wie kein Wald vorhanden. Und erst der Bergbau und die Stahlhütten und ihr unersättlicher Bedarf an Holz führten dazu, dass die Flächen aufgeforstet wurden. Es traf sich gut, dass in den sandigen Marken nördlich des Ruhrgebiets mit ihren nährstoffarmen Böden die Kiefern gut gediehen, die für den Bau von Stollen dringend benötigt wurden. Bis heute erkennt man überall in den Wäldern des Naturparks noch die Forste, inzwischen aber auch immer mehr naturnahe Wälder.

Annette von Droste-Hülshoff (1797–1848), die im Münsterland geborene große deutsche Dichterin des 19. Jahrhunderts, hielt auf einer ihrer Reisen ihre Eindrücke so fest: „Unabsehbare Sandflächen, nur am Horizonte hier und dort von kleinen Waldungen und einzelnen Baumgruppen unterbrochen … Bei jedem Hauche geht ein zartes, dem Rauschen der Fichten ähnliches Geriesel über die Fläche, und säet den Sandkies in glühenden Streifen bis in die nächste Düne … Aus einzelnen Wacholderbüschen dringt das klagende, möwenartige Geschrill der jungen Kiebitze …“
Schade, dass die Droste-Hülshoff die Eröffnung des Hohe Mark Steiges nicht mehr erleben konnte – sie wäre begeistert!

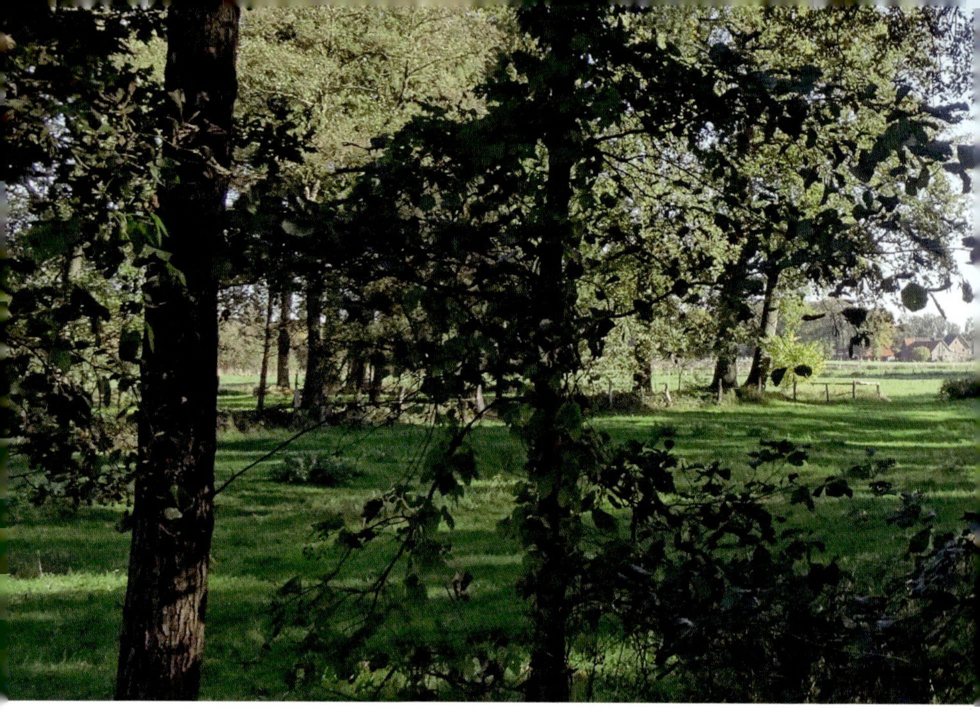

Der Hohe Mark Steig

Der Hohe Mark Steig erschließt die Natur und die Besonderheiten des Naturparks Hohe Mark offiziell in sechs Etappen zwischen Olfen und Wesel, ergänzt durch die sogenannte „Wasserroute" zwischen Olfen und Haltern. Ausgeschildert sind die Etappen in beide Richtungen – so die Schilder noch vorhanden sind.

Auf der offiziellen Internetseite des Hohe Mark Steigs startet der Fernwanderweg im Westen und endet nach einer Runde um die Haard in Olfen, während die Wasserroute gar nicht dazugerechnet wird.
Wir schlagen Ihnen hingegen vor: Gehen Sie doch von Haltern in vier Tagen zum Rhein. Oder in drei Tagen um die Haard über Oer-Erkenschwick nach Olfen und über die Wasserroute nach Haltern zurück. So haben wir für Sie die Etappen in diesem Buch gruppiert

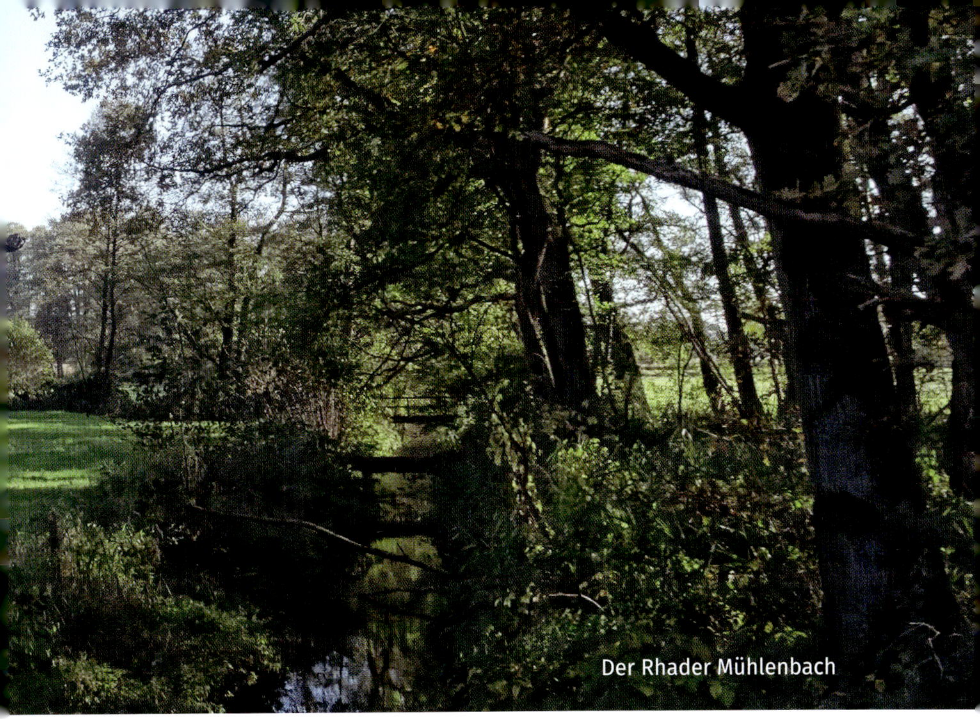

Der Rhader Mühlenbach

und man kann den Steig an zwei langen Wochenenden erwandern, mit der schönen Stadt Haltern als Zentrum.
Aber auch wenn Sie sich für Ihre ganz andere Variante entscheiden: In diesem Buch finden Sie alles, was Sie brauchen für die An- und Abreise von und zu jeder Etappe – auch mit öffentlichen Verkehrsmitteln. Sie finden außerdem, ohne Anspruch auf Vollständigkeit, zahlreiche Hinweise zu Einkehr- und Übernachtungsmöglichkeiten – auch zu solchen, die Sie nur mit öffentlichen Verkehrsmitteln erreichen können, weil direkt an der Strecke keine Unterkunft liegt.
Um die Unterkünfte besser erreichen zu können oder mit öffentlichen Verkehrsmitteln wieder zum Ausgangspunkt zurück zu gelangen, machen wir an einigen Stellen Vorschläge, wie Sie die offizielle Streckenführung sinnvollerweise variieren können. Auch kleine Abkürzungen verraten wir Ihnen.

Viel Spaß und guten Weg!

Durch den waldreichen Kern des Naturparks

Von Haltern nach Lembeck durch die Hohe Mark

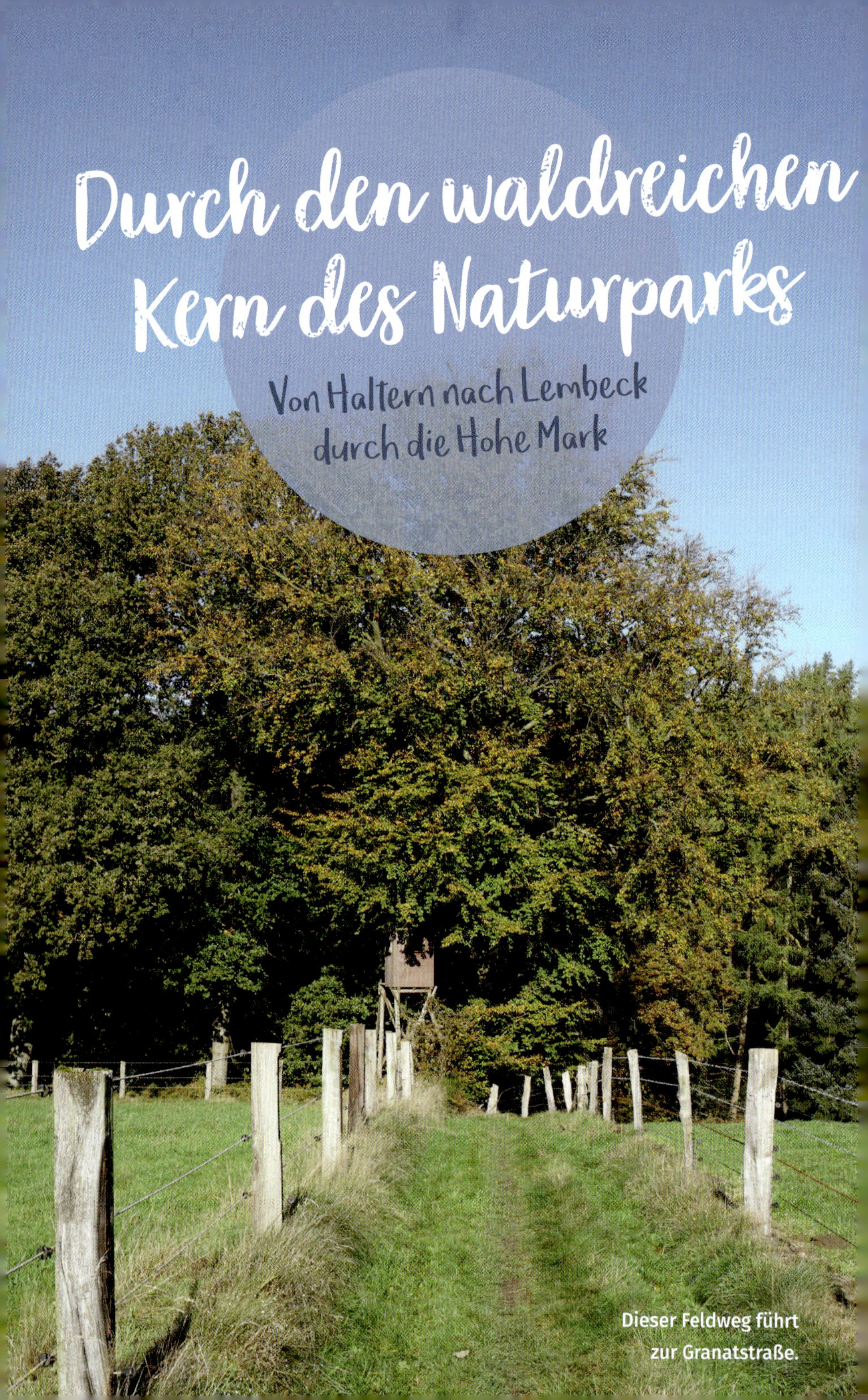

Dieser Feldweg führt zur Granatstraße.

Diese Etappe führt fast ausschließlich durch abwechslungsreiche Laub- und Mischwälder in den namengebenden Kern des Naturparks Hohe Mark, nämlich in die Hohe Mark selbst. Auf ihrem höchsten Punkt, dem 146 Meter hohen Waldbeerenberg, steht der weithin sichtbare Halterner Fernsehturm. Interessanter für Wandersleute ist aber der Feuerwachturm auf dem Galgenberg. Von oben ist der Blick auf die für Ruhrgebietsverhältnisse schier endlosen Wälder beeindruckend – genauso wie die Aussicht in den Ballungsraum. Dass die Hohe Mark aus eiszeitlichem Sandstein besteht, kann man an dem weichen Boden vielerorts spüren. Er ermöglicht eine einzigartige Flora: so wie in der zu jeder Jahreszeit wunderschönen Holtwicker Wacholderheide. Die Strecke führt fast vollständig über Naturpfade und Forstwege in die totale Ruhe – die höchstens am Wildpark Granat von Ausflüglern unterbrochen wird.

Etappe 1

6:30 Std.

23,5 km

Anreise: Mit dem Auto oder dem Zug bis zum Bahnhof Haltern am See. Parkmöglichkeiten sind reichlich vorhanden.
Abreise mit ÖPNV: Der Haltepunkt Lembeck liegt an der Verbindung zwischen Essen und Coesfeld (RB45). Von hier aus ist es möglich, mit dem Zug nach Haltern zurückzufahren. Die Verbindung mit Umstiegen in Coesfeld und Dülmen dauert etwa 80 Minuten, die über Essen braucht 20 Minuten länger bei einem Umstieg weniger.
Abkürzungsmöglichkeit: 2,9 Kilometer bzw. etwa 45 Minuten (siehe Variante)

Wegbeschreibung: Am Halterner Marktplatz beginnt diese Etappe auf der Rekumer Straße durch die Fußgängerzone Richtung Westen. Nachdem wir die Lavesumer Straße überquert haben, halten wir uns an der Gabelung links Richtung Holtwick. Geradeaus folgen wir der Römerstraße bis zum höchsten Punkt des Silverberges, auf dem einst das Nordtor des Römerlagers stand. An der Informationstafel wenden wir uns rechts auf den Fußweg. Dieser leitet uns quer durch das Wohngebiet und am Waldrand hinter dem eingezäunten Grundstück nach links. An einem Feld entlang gelangen wir in den Wald, wo wir gleich links zwischen den Bäumen hindurch weiterwandern. So erreichen wir einen Fußballplatz, den wir schräg überqueren, um rechts des gegenüberliegenden Tores auf den Asphaltweg einzuschwenken, der uns über die Autobahn führt. Dahinter halten wir uns an der Gabelung links und wandern etwa eineinhalb Kilometer, also gut 20 Minuten, geradeaus durch den Wald und zweigen von dem breiten Weg erst dort ab, wo rechts eine pinke Bank auf uns wartet, schon an der Abzweigung Richtung Lembeck.

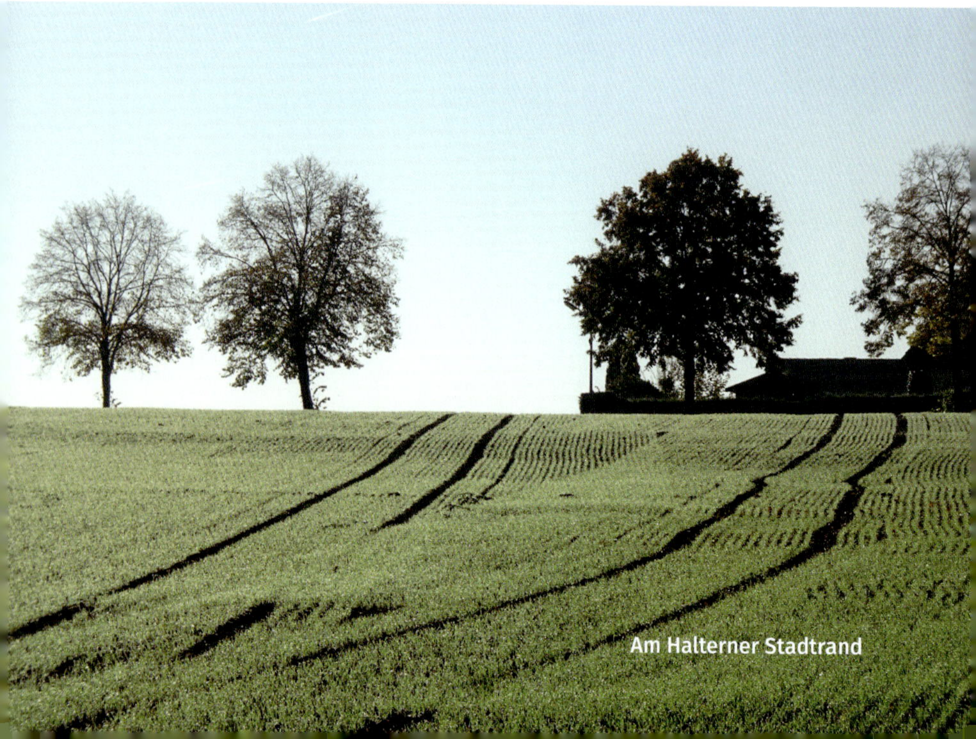

Am Halterner Stadtrand

Info

Haltern – ein wichtiger römischer Stützpunkt

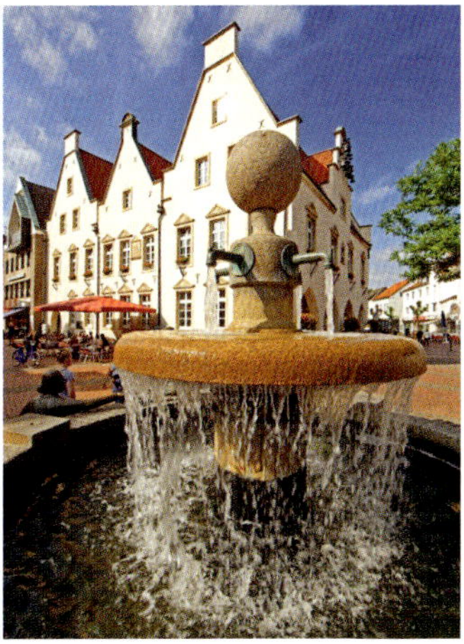

Auf dem Stadtgebiet Halterns wurden unterschiedliche Römerlager entdeckt: Ein Hauptlager mit fester Innenbebauung, eine Schiffsanlegestelle, Spuren der Lagervorstadt, eine Marinebasis mit Schiffshäusern und Kasernen sowie eine Gräberstraße und ein Marschlager im Osten sind heute nachgewiesen. Der Hohe Mark Steig führt uns am Nordtor des römischen Hauptlagers vorbei, einem der vier Tore der Hauptwehranlage – errichtet auf dem höchsten Punkt des Silverberges. Erbaut wurden die meisten militärischen Gebäude um Christi Geburt, zur Zeit von Kaiser Augustus, nördlich der Lippe, damals Lupia genannt, um sie zu sichern und als Handelsweg zu nutzen und weiter ins Land der Germanen vorzudringen.

1816 wurden die ersten Teile der weiten Militärflächen entdeckt, und schon bald wurde spekuliert, ob Haltern das römische Lager „Aliso" war, das vom römischen Schreiber Velleius in Verbindung mit der Varusschlacht genannt wurde, die im Jahr 9 n. Chr. stattfand. Historiker vermuten, dass das Lager in Haltern zu dieser Zeit aufgelassen wurde, also nach der kapitalen Niederlage der Römer. Die meisten der Fundflächen sind heute überbaut, bewaldet oder landwirtschaftlich genutzt. Zwischen den südlichen Wehrbauten von Feld- und Hauptlager liegt das LWL-Römermuseum, das mit seinen spitzen Glasdächern an die Zelte der Römer erinnern soll. Das engagierte Museum entführt in die Zeit der Römer und Germanen und ist immer einen Besuch wert.

LWL-Römermuseum Haltern am See, Weseler Straße 100,
Telefon 02364/9376-0, www.lwl-roemermuseum-haltern.de

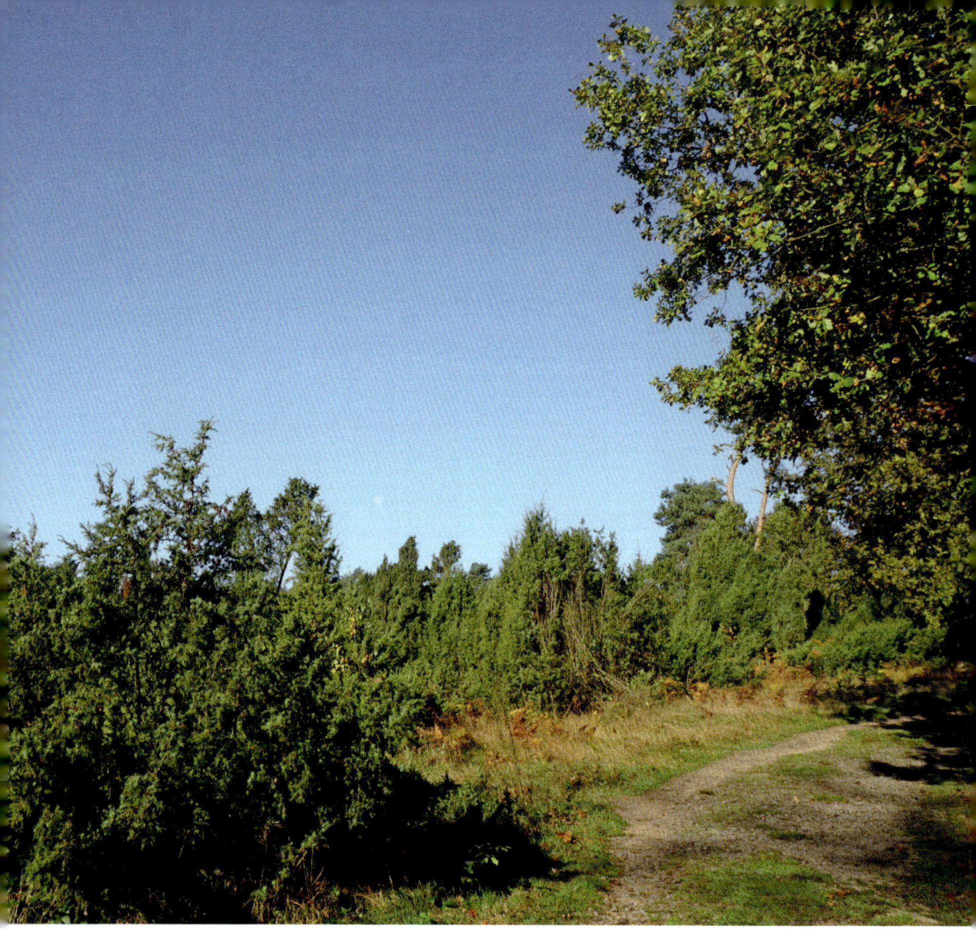

Der Mond steht über der Heide.

Am Weg

Holtwicker Wacholderheide

Unterwegs auf sandigen Waldwegen, neben denen Pilze und Flechten wachsen, alte Bäume spenden Schatten. Und dann gelangt man in die besonders magische Wacholderheide. Die unterschiedlichen Wuchsformen der Sträucher und Bäume sind beeindruckend, und im Sommer blüht zwischen den Büschen die Heide. Ein wunderbares Naturschauspiel, das auch diverse Bodenbrüter wie die Heidelerche anzieht. Um sie nicht zu stören, dürfen die Wege nicht verlassen werden.

Am Weg

Der mystische Wacholder

Der Wacholder, latein: Juniperus, gehört zur Familie der Zypressen und hat 50 bis 70 unterschiedliche Unterarten – sie reichen vom Strauch bis zum Baum. Das Besondere sind seine Wuchsformen: Der Wacholder wächst nie einfach nur so in den Himmel – er bildet spezielle Stämme und hebt sich so von anderen Bäumen ab. Manche wirken wie Menschen, die gebeugt im Wald stehen. Von der römischen Göttin Juno leitet sich das Wort für unseren Monat Juni ab und vielleicht auch für den Wacholderbaum. Die Göttin steht, als Gattin des Hauptgottes Jupiter, für Geburt, Familie und Fürsorge. In Bayern und Österreich wird der Wacholder auch als Kranewitt bezeichnet und im Niederdeutschen als Machandelbaum. Als solcher wird er in manchen von Grimms Märchen und in Gedichten bezeichnet.

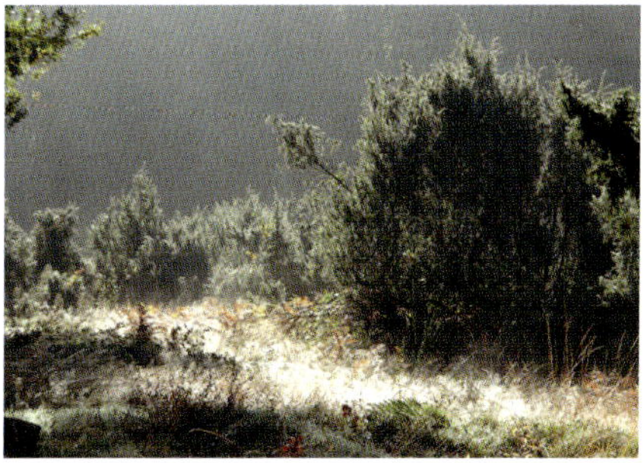

Der Streckenabschnitt ist oft sehr matschig und führt – auch über die Kreuzung hinweg – geradeaus bis zu einer Wiese, wo es kurz nach links weitergeht, bevor wir rechts zur Holtwicker Wacholderheide gelangen. Dahinter gehen wir am ersten Querweg links und dann rechts.

Der Hohe Mark Steig führt nun zum Waldbeerenberg. Dafür wenden wir uns an der Straße kurz rechts und noch vor der Gaststätte Uhlenhof am Parkplatz links und dahinter an der Gabelung rechts. Noch einmal wenden wir uns vor der Anhöhe nach rechts, wandern nach dem steilen Anstieg im Wald an Feldern entlang und nehmen den Querweg nach links. Die Abzweigung nach links ignorieren wir, genauso wie die nächste Kreuzung und wenden uns erst direkt dahinter nach links.

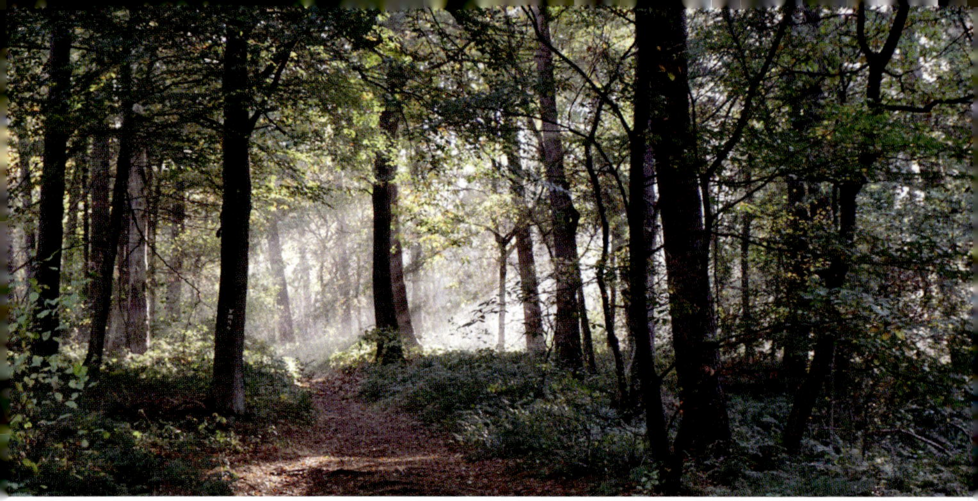

Der Wald bei Holtwick

So erreichen wir eine Schutzhütte und gehen rechts des Funkturms bis zur nächsten Kreuzung. Dort wenden wir uns nach rechts und wandern hinunter ins Tal. Erst im Wald zweigt nach links ein Pfad ab, der uns hinauf zu einem geschotterten Weg führt. Dort biegt der Steig nach rechts ab und führt bis zur Straße. Diese überqueren wir und gehen hinter einem kleinen dichten Waldstück vor der Lichtung links. Zwischen zwei Wiesen hindurch erreichen wir einen Forstweg, der uns zur Granatstraße bringt. Direkt gegenüber führt der Steig über einen schmalen Pfad bergauf weiter.
Nach einem kurzen Abstieg wenden wir uns zweimal rechts und stehen vor dem Eingang des Wildparks.

Info

Naturwildpark Granat

In den Wäldern des Naturparks Hohe Mark leben unzählige Wildtiere – die scheuen Wesen jedoch tatsächlich zu Gesicht zu bekommen, ist eher Glücksache. Ganz anders im Naturwildpark Granat, in dem es neben heimischen Tieren auch Lamas, Kängurus und andere Exoten zu sehen gibt. Die meisten Tiere leben innerhalb des Geheges frei, sie haben wenig Scheu, lassen sich sogar füttern. Futterautomaten, Hochsitze, aber auch Picknickplätze und ein Kiosk, den man auch nutzen kann, wenn man den Wildpark nicht besuchen möchte, sind im Angebot. www.naturwildpark.de

Variante

Wer den Steig hier um knapp drei Kilometer abkürzen möchte, geht nach dem Abstieg nur einmal rechts und dann links. Immer geradeaus trifft man nach etwa 900 Metern wieder auf die Hauptroute.

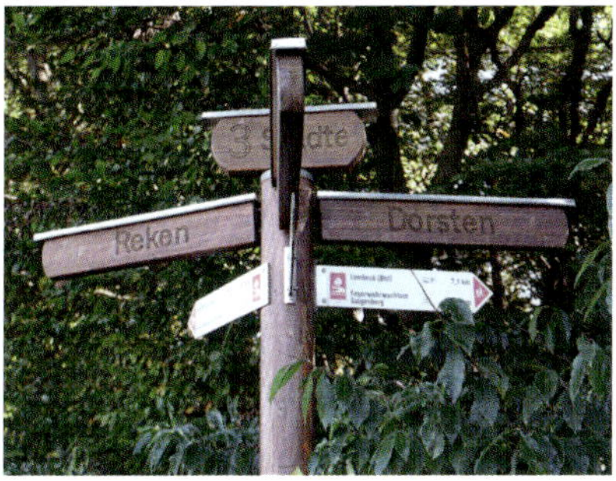

Das Drei-Städte-Schild

Dem Hauptweg folgend, wandern wir über den Parkplatz und dann rechts um das eingezäunte Gelände des Wildparks herum. Zweimal wenden wir uns kurz vor der Straße nach links und wandern schließlich an einem Feld entlang bis zu einer T-Kreuzung. Dort gehen wir nach links, folgen dem Feldrand im rechten Winkel und wählen am Drei-Städte-Schild den Weg nach links. Fast geradeaus geht es bis zu einer Lichtung, danach schlängelt sich der Pfad bis zum breiten Forstweg, den wir überqueren, um sofort dahinter rechts abzubiegen.

An der Schutzhütte geht es links vorbei zum Feuerwachturm. Schon 70 Meter davor zweigt der Steig nach rechts ab – bei gutem Aussichtswetter sollte man den Aufstieg allerdings unbedingt unternehmen!

Wanderer auf dem Weg zum Hof Punsmann

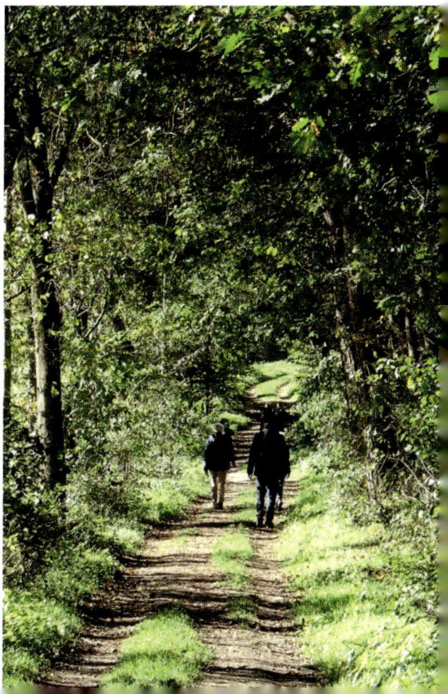

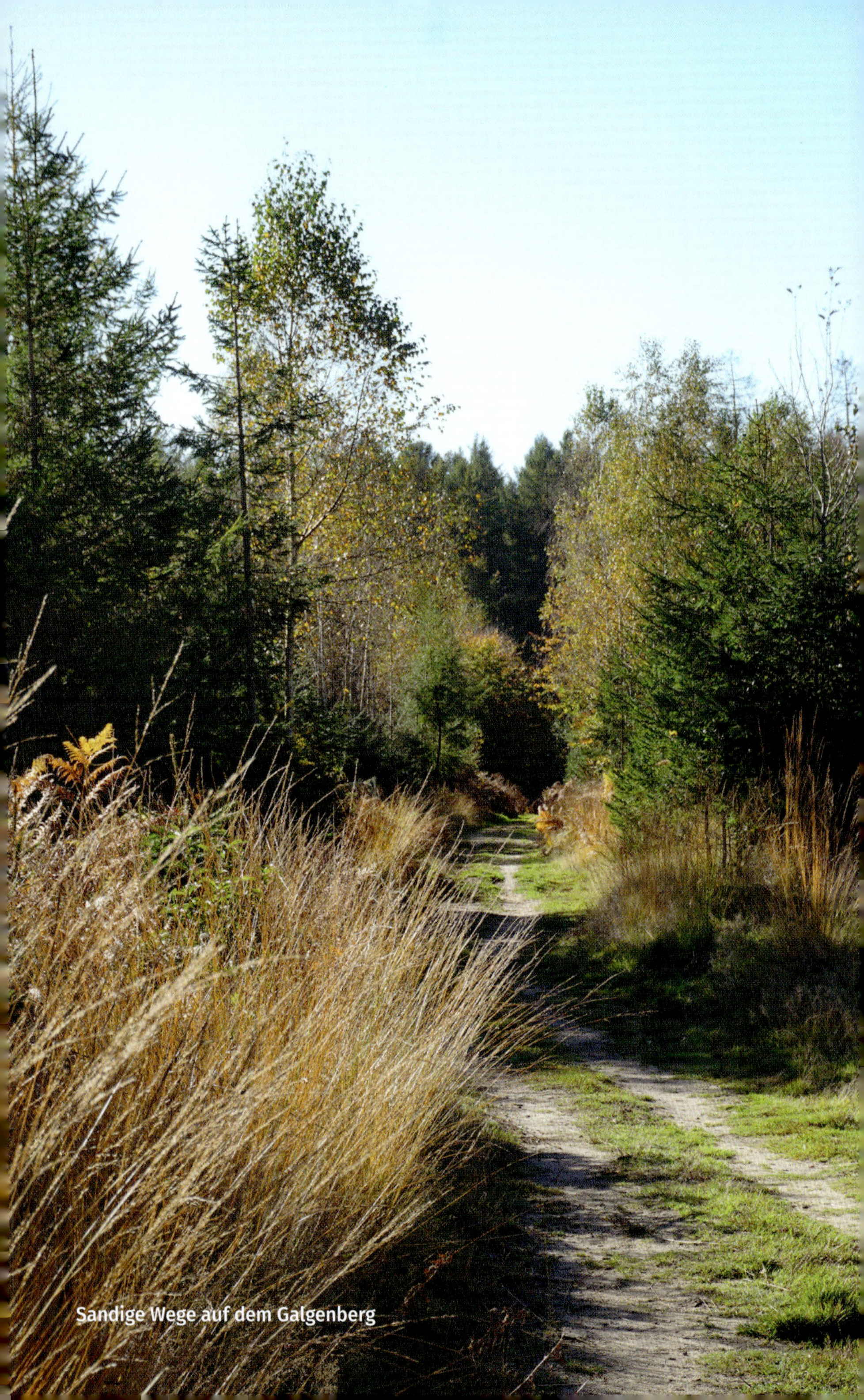
Sandige Wege auf dem Galgenberg

Am Weg

Feuerwachturm Galgenberg

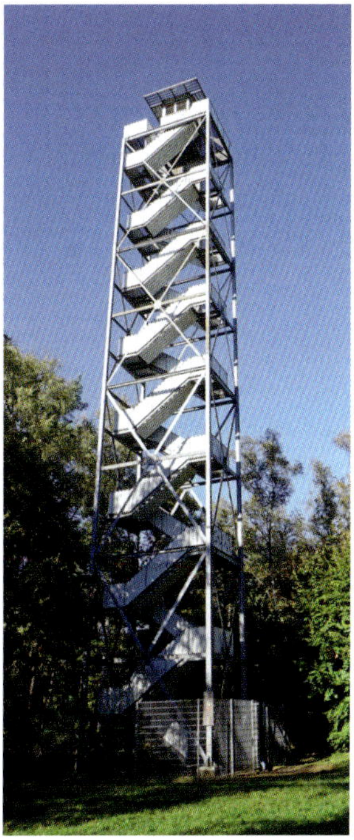

Vom 39 Meter hohen Turm hat man eine faszinierende Sicht auf die weiten Wälder der Hohen Mark und an guten Tagen bis zum Gasometer in Oberhausen. Auch wenn man nicht ganz so hoch gelangt, weil die Beobachtungsplattform des Feuerwächters für Besucher nicht zugänglich ist. Betreiber ist der Regionalverband Ruhr (RVR), der insgesamt fünf solcher Türme unterhält, die von den Wächtern bei entsprechender Wetterlage täglich bestiegen werden, um den wertvollen Wald und seine Bewohner zu schützen. Dabei stehen die Wächter miteinander in Kontakt, um einen Brandherd so schnell und genau wie möglich durch eine Kreuzpeilung lokalisieren zu können.

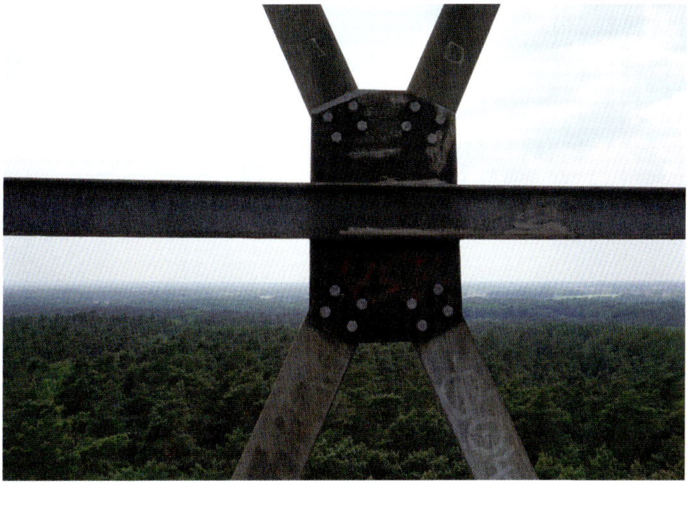

Unterhalb des Turms führt der Steig deutlich bergab und zweigt kurz vor tiefen Gräben auf beiden Seiten der Route nach rechts ab. Der Querweg führt uns nach links zu einer Kreuzung und von dort geradeaus „Im Höltken“ zur Biologischen Station.
Dahinter zweigt vom Asphalt direkt nach Eintritt in den Wald der Steig nach links, vor der Lichtung rechts und dann wieder links ab. Der oft sehr morastige Weg führt schließlich nach einer S-Kurve auf einen breiten Querweg, der rechts an einer Wiese und dann links an einem Feld vorbeiführt. Direkt dahinter biegen wir rechts ab und gelangen schließlich zu der kleinen Straße, die uns nach links zur Landstraße bringt. Dieser folgen wir auf dem Radweg nach rechts bis zum Etappenziel, dem Haltepunkt Lembeck.

Info

Biologische Station Kreis Recklinghausen

Der jahrhundertealte Hof Punsmann ist die Heimat der Biologischen Station Kreis Recklinghausen e.V. Auf dem Außengelände ist ein typischer, idyllischer Bauerngarten als Lehrgarten angelegt, in dem es viel zu entdecken gibt. Vor allem für Kinder ist die Station ein Ort des Erlebens und Erforschens. Eine rote Ameisenkolonie hinter Glas, viele Pflanzen und Tiere warten darauf, von Klein und Groß besucht zu werden. Egal, ob in den Innenräumen oder im Garten – die Station ist auf jeden Fall einen Besuch wert.

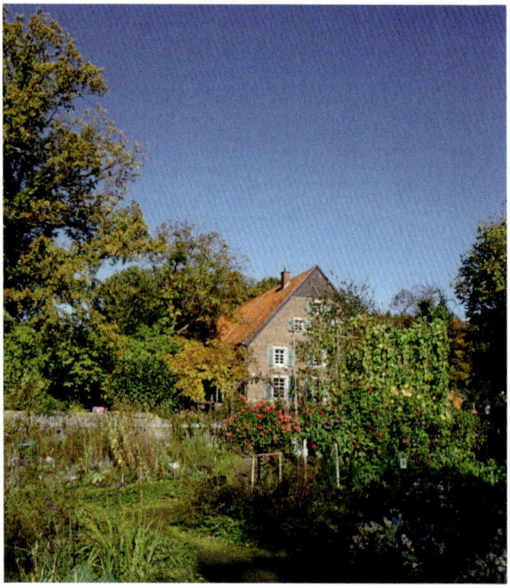

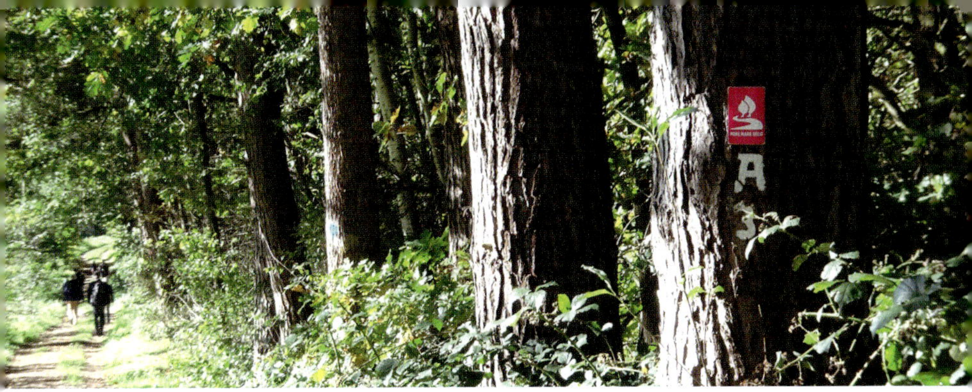

Gastronomie

Kiosk am Naturwildpark Granat, Granatstraße 626, 45721 Haltern am See

Tante Guste, Kiosk und Garten, Lippramsdorfer Straße 250, 46286 Dorsten, Telefon 02369/77236, www.lembecker.de/tanteguste

Diverse in Haltern am See

Übernachtung

Übernachten am Start

Pension Abendroth, Mühlenstraße 27, 45721 Haltern am See, Telefon 02364/4639, www.pension-abendroth.de

Ratshotel, Mühlenstraße 3–5, 45721 Haltern am See, Telefon 02364/3465, www.hotel-haltern.de

Gästehaus Sondermann, Rekumer Straße 48, 45721 Haltern am See, Telefon 02364/2259, www.gaestehaus-sondermann.de

Hotel am Turm, Turmstraße 4, 45721 Haltern am See, Telefon 02364/96010, www.hotel-amturm.de

Tourist-Info Haltern am See, Altes Rathaus, Markt 1, Telefon 02364/933366, www.haltern-am-see.de

Übernachten am Ziel

Am Etappenende gibt es direkt keine Unterkunftsmöglichkeiten. Mit der Regionalbahn erreicht man in beide Richtungen an der nächsten Haltestelle ein Hotel: Richtung Essen in Wulfen das Hotel Humbert und Richtung Coesfeld in Klein-Reken das Hotel Eichenhof.

Hotel Humbert, Dülmener Straße 1, 46286 Dorsten, Telefon 02369/204110, www.hotel-humbert.de

Hotel Eichenhof, Dorfstraße 4, 48734 Reken, Telefon 02864/883111, www.eichenhof-reken.de

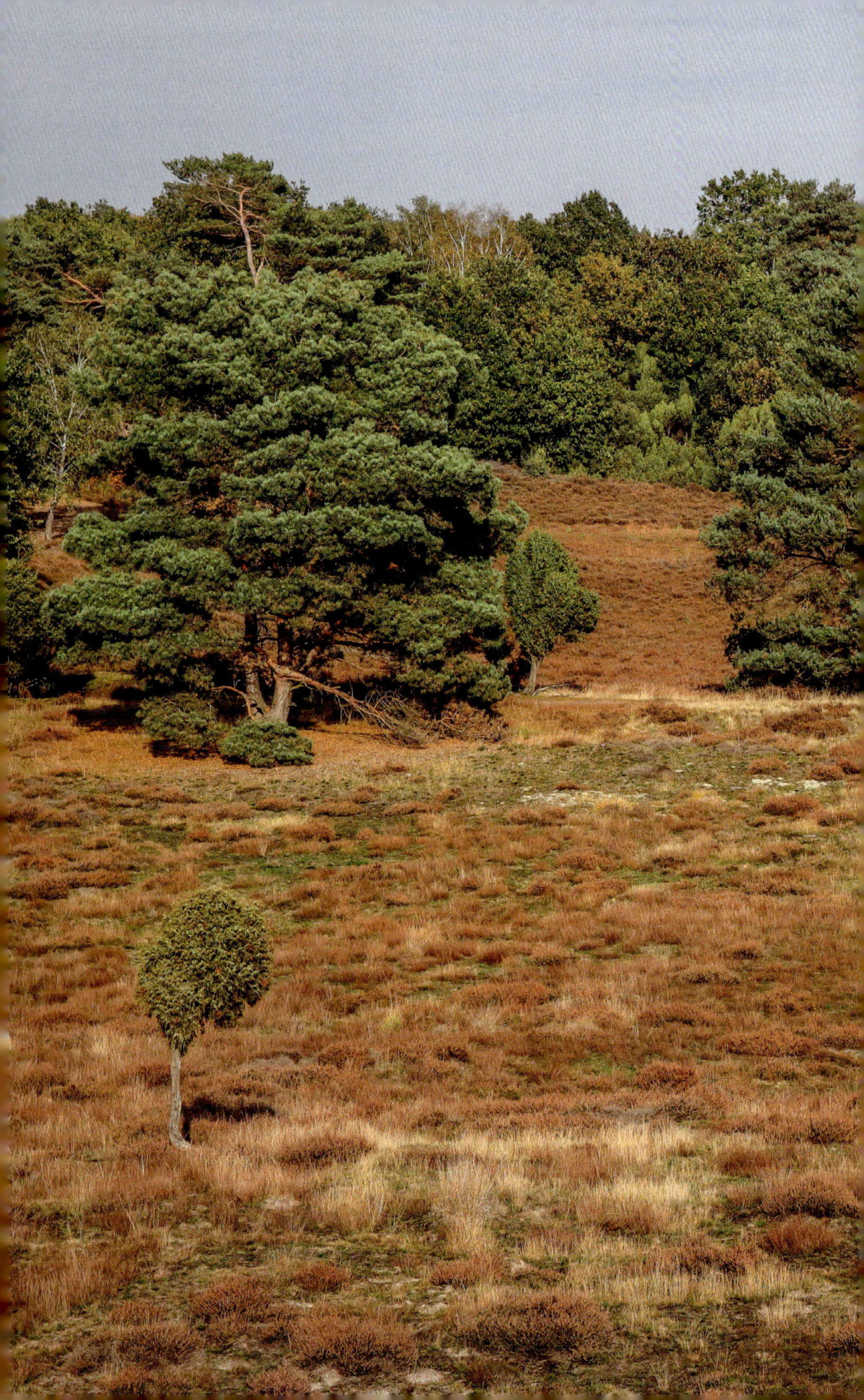

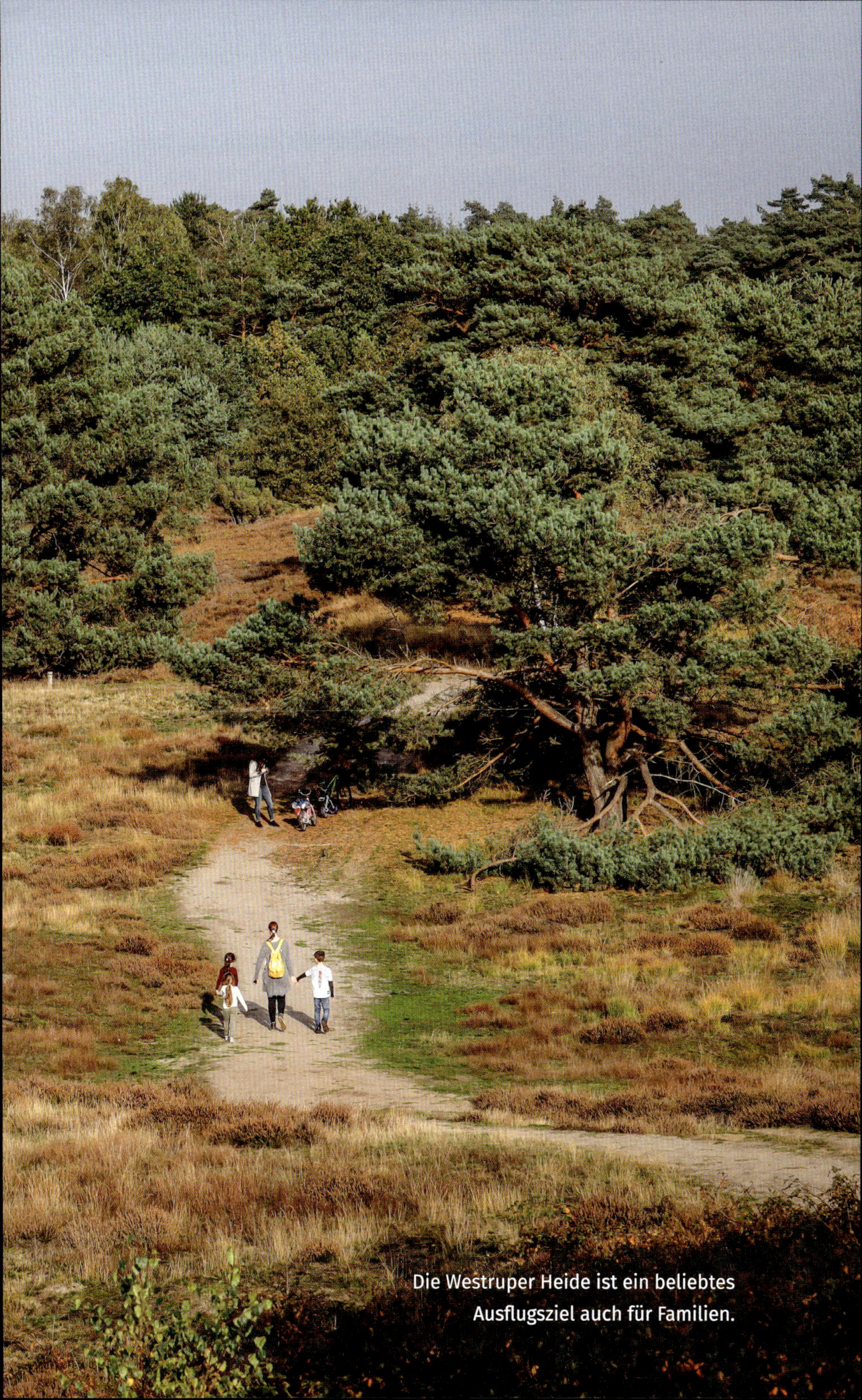

Die Westruper Heide ist ein beliebtes Ausflugsziel auch für Familien.

Etappe 1

Startpunkt

Zwischenziele

Zielpunkt

Haltestelle

Parkplatz

Gastronomie

Übernachtung

Sehenswürdigkeit

Naturerlebnis

Aussichtspunkt

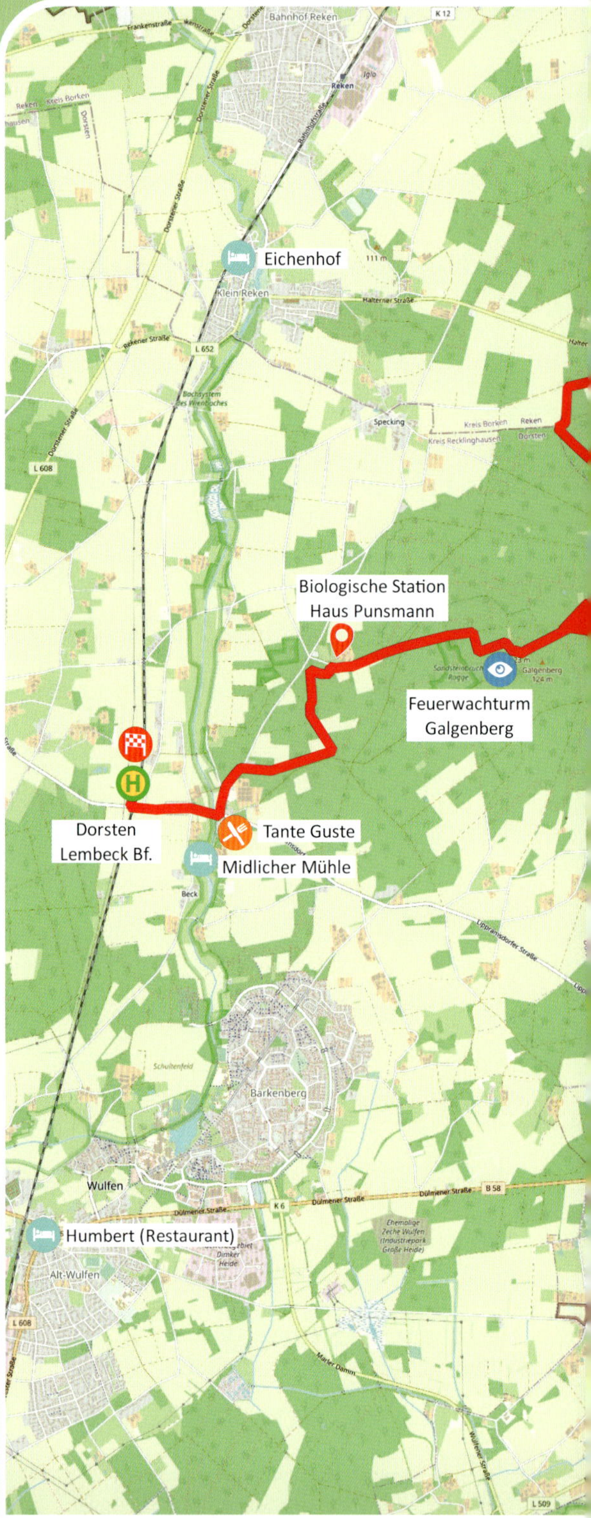

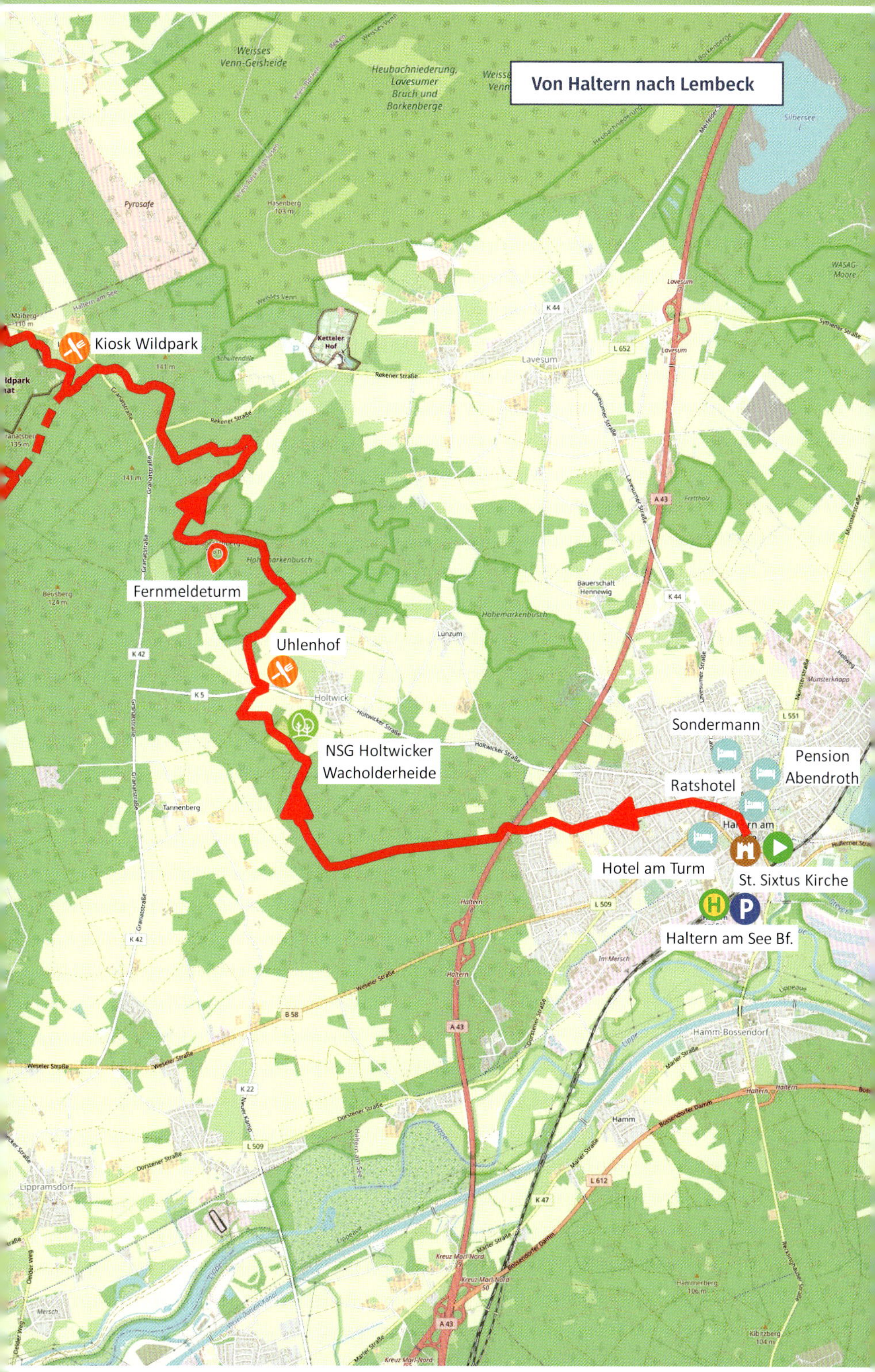

Von Haltern nach Lembeck
Kiosk Wildpark
Fernmeldeturm
Uhlenhof
NSG Holtwicker
Wacholderheide
Sondermann
Pension
Abendroth
Ratshotel
Hotel am Turm
St. Sixtus Kirche
Haltern am See Bf.

Wie Sand am Moor

Flugdünen, Feuchtwiesen und Wildbeobachtung zwischen Lembeck und Schermbeck

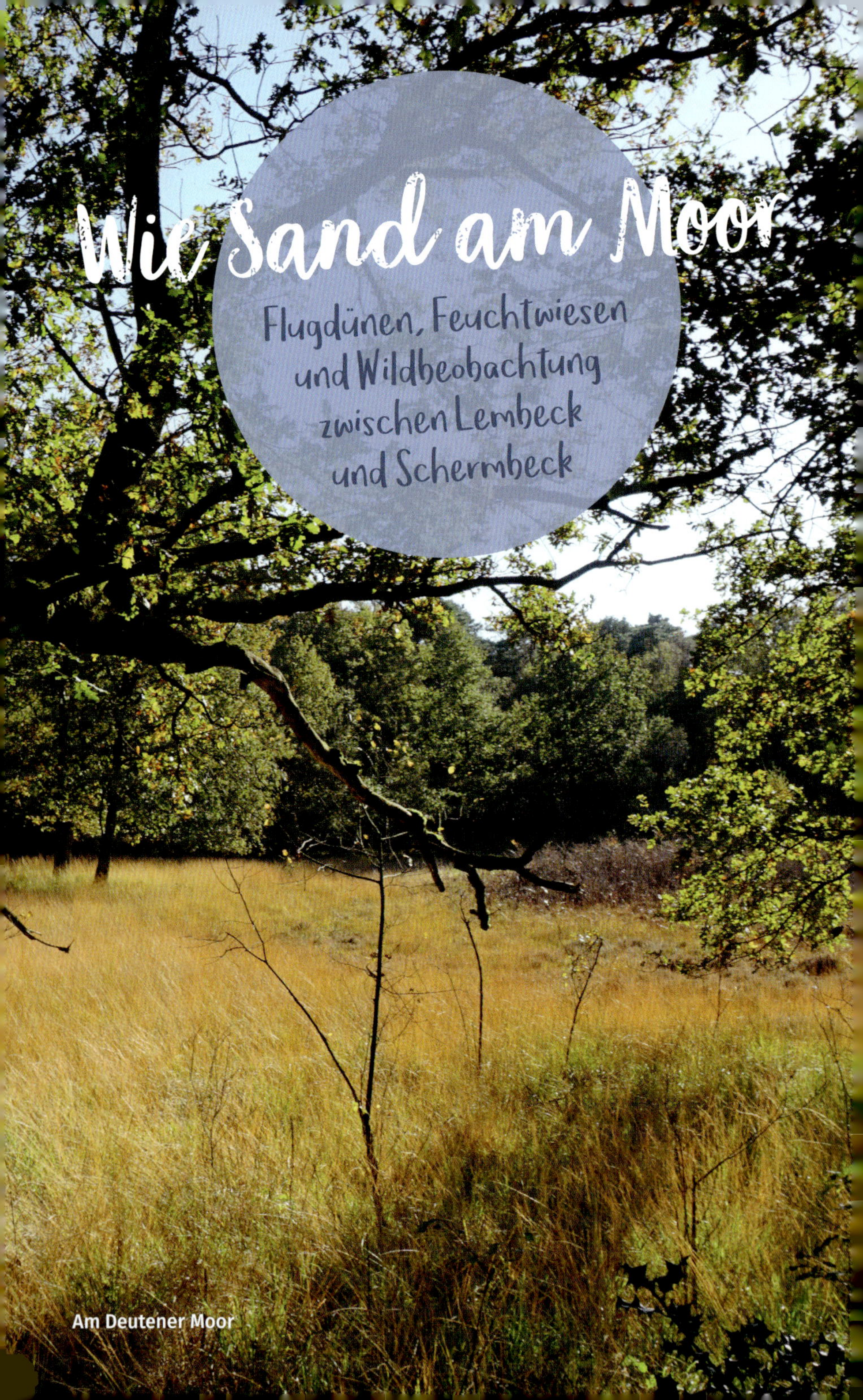

Am Deutener Moor

Wer in der Üfter Mark keine Wildtiere entdeckt, muss schon Pech haben: Rotwild, Rehe, Füchse und Wildschweine leben in dem 1500 Hektar großen Waldgebiet. Die ungewöhnliche Landschaft aus Mooren und Sanddünen entstand durch die Gletscher der Eiszeit vor 400.000 Jahren. Der Wind tat sein Übriges und veränderte die Flugsanddünen immer wieder, bis der Mensch Mitte des 19. Jahrhunderts die damals kahlen Hügel aufforstete. Zurückgeblieben ist eine einzigartige Landschaft, die ihresgleichen sucht: eine faszinierende Mischung aus feuchten Wiesen und Mooren und trockenen Dünen. Doch die Etappe beginnt am beeindruckenden Schloss Lembeck, dem man sich am besten nicht auf dem Hohe Mark Steig, sondern auf der hier beschriebenen Route nähert.

Etappe 2

5 Std. 19,2 km

Anreise mit ÖPNV: Der Haltepunkt Lembeck liegt an der Verbindung zwischen Essen und Coesfeld (RB45).
Anreise mit dem Auto: Lippramsdorfer Straße 163, 46296 Dorsten
Abreise mit ÖPNV: Wer mit dem Bus zurück zum Ausgangspunkt möchte, wählt am Ende der Etappe die Variante Richtung Schermbeck-Mitte und nimmt von dort einen Bus Richtung Dorsten ZOB. Von dort fährt die Regionalbahn 45 Richtung Coesfeld über Lembeck.

Wegbeschreibung: Vom Haltepunkt Lembeck wandern wir Richtung Lembeck und verlassen die Straße sobald wie möglich nach links. Nach einigen Häusern zweigt der Steig an der Schranke nach rechts ab. Rund 500 Meter vor Schloss Lembeck zeigen die Markierungen nach rechts und führen um ein Feld herum zur Straße, ohne das Schloss zu besuchen.

Variante

Der Abstecher zum Schloss verlängert die Strecke nicht und ist unbedingt empfehlenswert: Dafür nach der Schranke einfach geradeaus gehen. Anschließend muss man nicht zur Abzweigung zurück, sondern geht einfach rechts der Straße auf dem Fußweg und stößt am Ende des Feldes wieder auf den Steig.

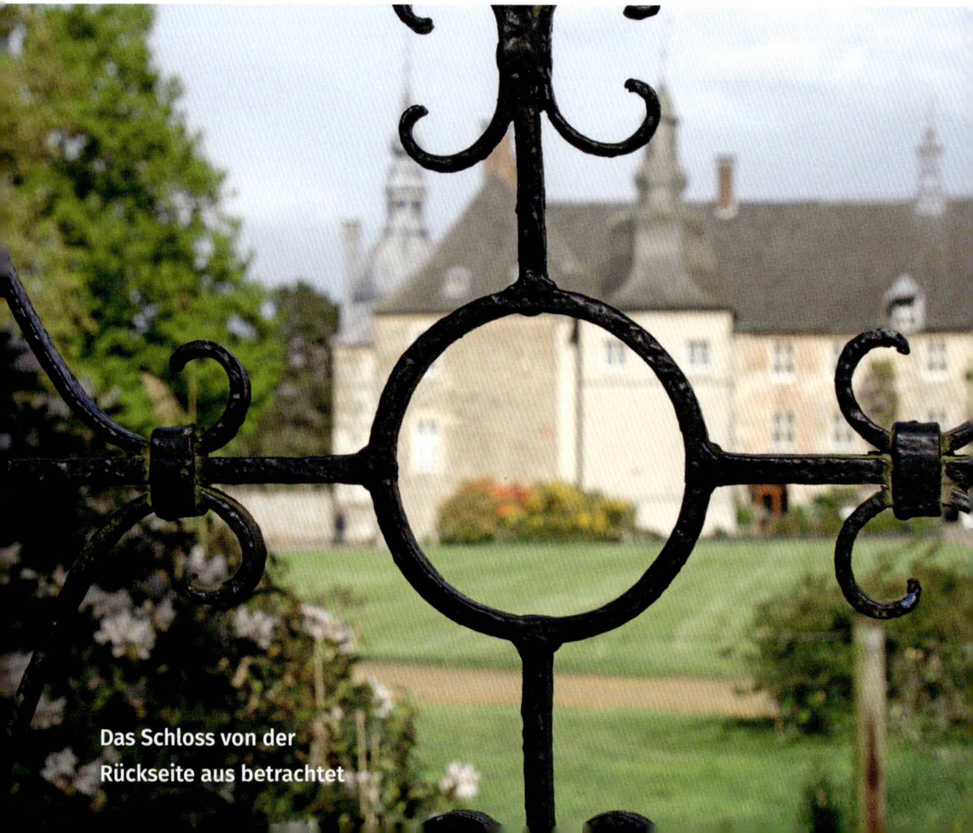

Das Schloss von der Rückseite aus betrachtet

Info

Schloss Lembeck

Bereits 1017 wurde Lembeck als Lehembeke erstmals erwähnt. Wahrscheinlich zuerst als Rittergut und Wehranlage gebaut und im Mittelalter als „Herrlichkeit Lembeck" bezeichnet, war es der Besitz der Herren von Lembeck, die auch die Gerichtsbarkeit der Region verwalteten.

Nach den vielen Kriegen und Kämpfen wurde aus dem einstigen Wehrturm in den Jahren 1670 bis 1692 das größte Wasserschloss des Münsterlandes. In Auftrag gegeben von Dietrich Conrad Adolf von Westerhold-Hackfurt. Schon 1730 wurde es erneut umgebaut, diesmal geplant von dem berühmtesten Barockbaumeister der Region, Johann Conrad Schlaun. Schon seit 300 Jahren befindet sich das barocke Schloss im Besitz der Familie von Merveldt.

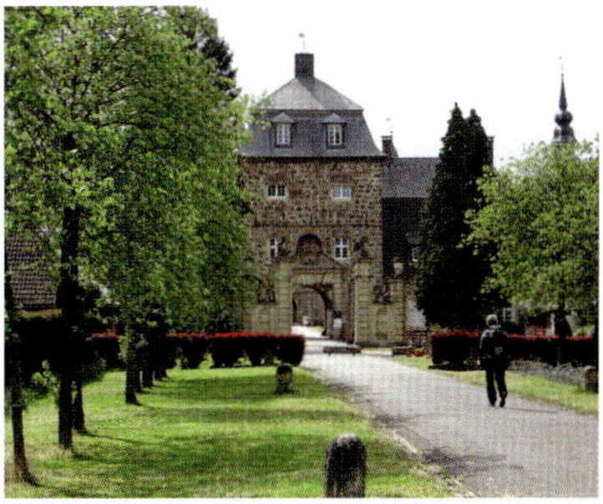

Aber nicht nur das Schloss, auch der Park ist überaus sehenswert. Als Barockgarten angelegt, wurde er im 19. Jahrhundert zu einem englischen Garten umgestaltet. Im Frühling locken die Krokusse und Narzissen, von Mai bis Juni tauchen die mehr als 150 Rhododendron-Arten und Azaleen die Grünflächen in ein buntes Blütenmeer, und im Sommer verzaubern die englischen Rosen die Besucherinnen und Besucher. Im Zuge der unterschiedlichen Führungen durch die Museen und die Galerie des Schlosses können die alten Räumlichkeiten, Möbel und die Inneneinrichtung besichtigt und viel über die Geschichte des Schlosses und der Region in Erfahrung gebracht werden. Es gibt auch eine Führung durch die Parkanlage. Mehrere größere Kunstveranstaltungen finden jährlich auf dem Schlossareal statt. Nettes Detail: Es werden auch Führungen auf Plattdeutsch angeboten.

Informationen unter www.schlosslembeck.de

Graf von Merveldt'sche Rentei, Schloss 2, 46286 Dorsten (Lembeck), Telefon 02369/7167

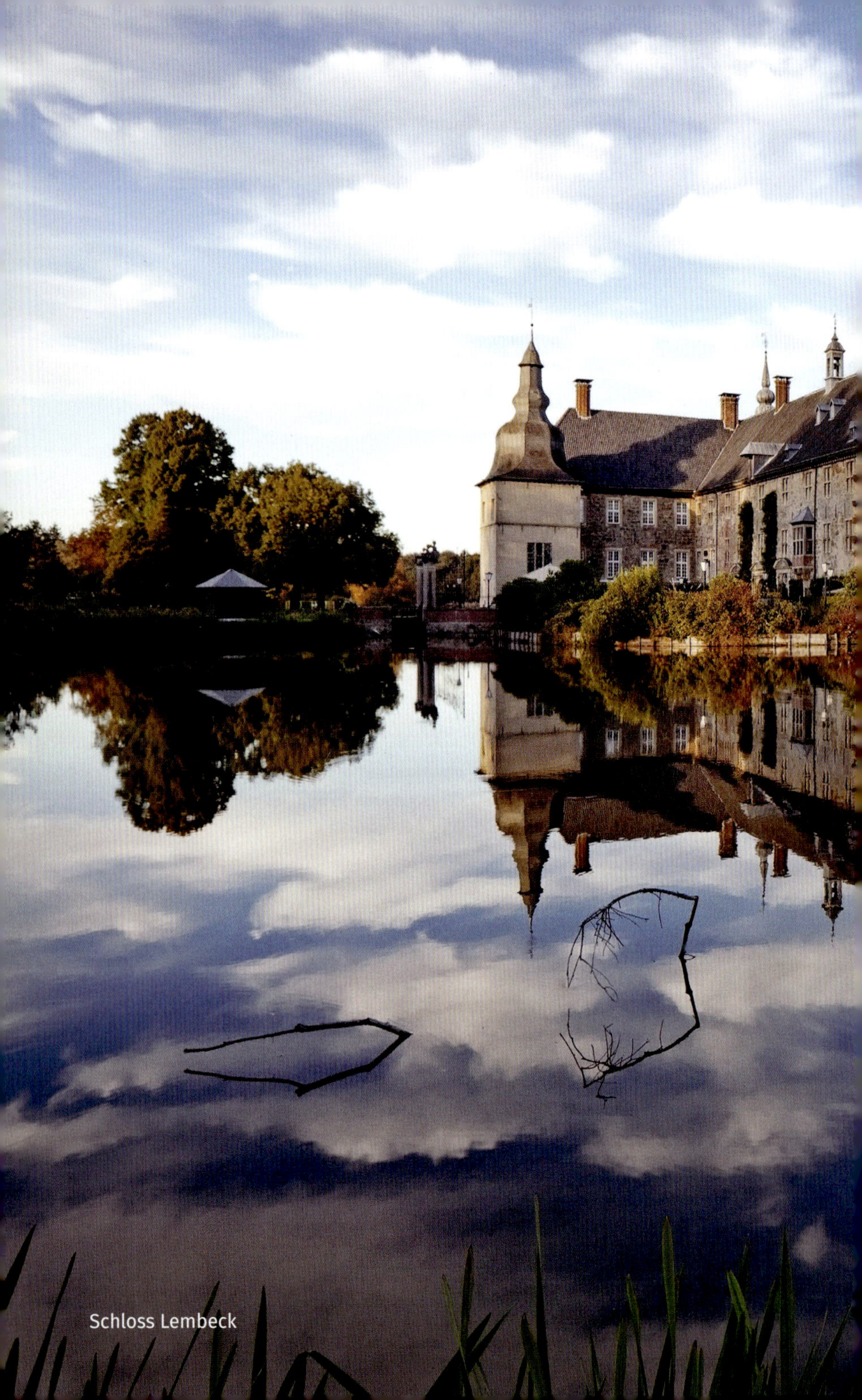

Schloss Lembeck

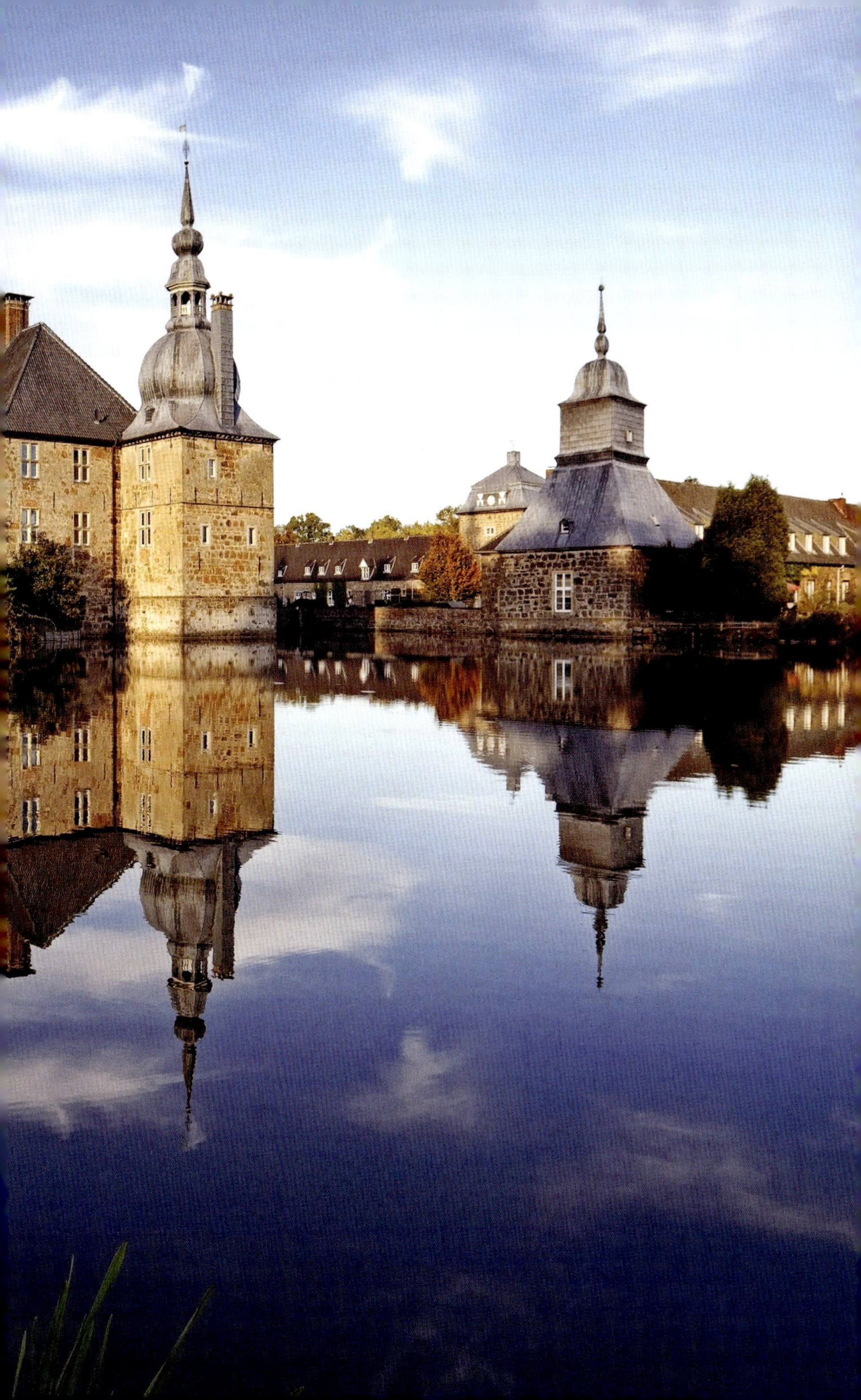

Dort überquert der Steig die Straße noch vor der Leitplanke. Wir halten uns zweimal links und überqueren eine Brücke. Dahinter ignoriert der Steig die Abzweigung nach links und führt nach rechts weiter.

Variante

Wer hier links geht, kommt am hinteren Tor des Schlosses heraus, gute Sicht in den Schlosspark und auf die Hinterfront der Gebäude inklusive.

Die Hauptroute folgt dem breiten Weg bis zur Kreuzung und dort links. Nun wandern wir geradeaus, bis wir hinter dem Hubertus-Bildstock die erste Abzweigung rechts wählen. Wir erreichen eine kleine Straße, die uns nach links zum Lasthausener Weg führt. Gut

Witte Berge und Deutener Moor

Das 85 Hektar große Naturschutzgebiet „Witte Berge und Deutener Moor" besteht schon seit 1931. Vor allem die alten Wacholderheiden gelten als besonders schützenswert und haben kulturhistorische Bedeutung für die Region. Aber auch die Feuchtgebiete sind Heimat für seltene Pflanzen wie den rundblättrigen und mittleren Sonnentau und die gefährdeten Moorfrösche und Kammmolche. Wer ganz genau schaut, kann auch besondere Vögel sehen: Heidelerchen, Schwarzkehlchen, Schwarzspecht, Raubwürger und Ziegenmelker.

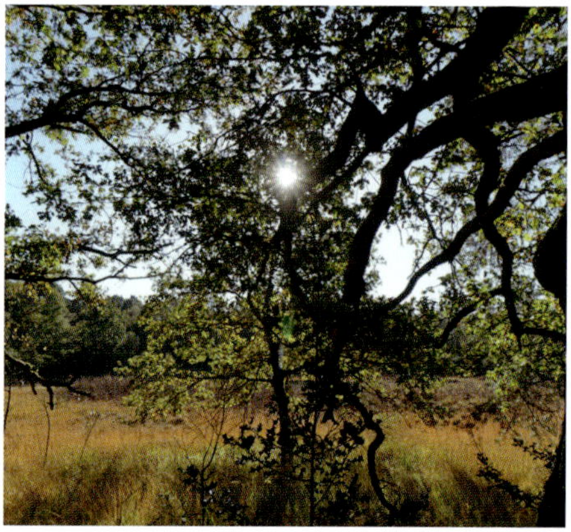

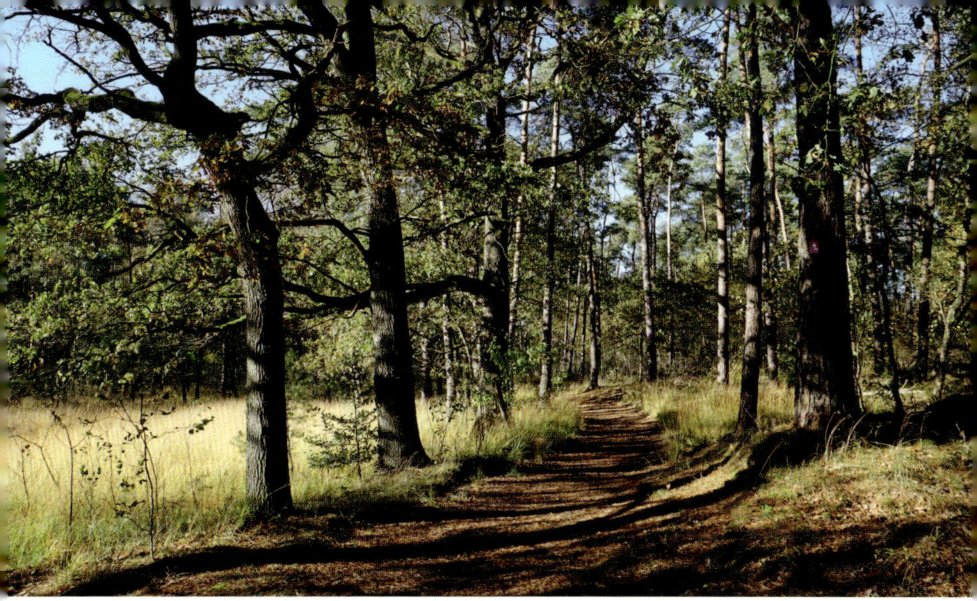

Am Deutener Moor

100 Meter weiter links biegen wir am Flurkreuz nach rechts in den Bakeler Weg ein, der uns über die Bahnlinie bringt. Dahinter überqueren wir die Kreuzung und queren am Fuß der Üfter Mark den breiten Forstweg. Der Wanderweg leitet uns zum Deutener Moor und dahinter zu einem Forstweg, der nach rechts über die Autobahn leitet. Direkt dahinter zweigen wir links ab und folgen dem Weg teilweise zwischen Wildschutzzäunen und dann durch lichten Kiefernwald bis zu einer Kreuzung, an der wir uns nach links wenden.

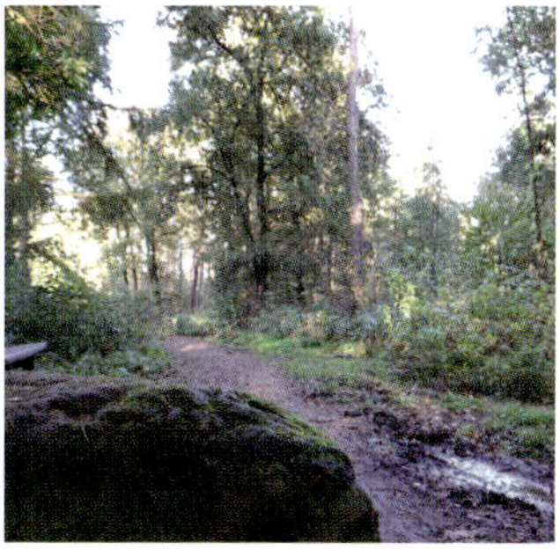

Am Dicken Stein

Vor der Straße knicken wir rechts ab und nähern uns ihr erst von der nächsten Kreuzung aus. Auf beiden Seiten der Straße durchqueren wir ein Tor und erreichen geradeaus eine Aussichtsplattform. Dahinter zweigt der Steig links ab und führt schließlich an eine T-Kreuzung. Dort rechts abgebogen, erreichen wir die Kreuzung am Dicken Stein, wo wir links abbiegen. Nachdem wir bei nächster Gelegenheit rechts gegangen sind, zweigt von dem Forstweg in der

Info

Üfter Mark

Die Gletscher der Eiszeit haben diese ungewöhnliche Landschaft aus Mooren und Sanddünen vor 400.000 Jahren ermöglicht. Auch der Wind tat sein Übriges, als er vor rund 300.000 Jahren vom Rheinstrand Sand herüberwehte. Der Mensch hat der Landschaft immer wieder ein anderes Gesicht verpasst: So wurde die Üfter Mark im 17. Jahrhundert fast vollständig abgeholzt: Anfang des 19. Jahrhunderts waren nur mehr drei Prozent Wald übrig. Deshalb gab es auch offene Sandflächen, und da der Wind weiter blies, wanderten die Dünen pro Jahr um mehrere Meter nach Osten. Dann wurde Mitte des 19. Jahrhunderts aufgeforstet, was der sandige Boden hielt: Der Bergbau im nahen Ruhrgebiet benötigte dringend so viel Holz wie möglich – vor allem Kiefern, die für den Bergbau besonders geeignet waren. Dicht an dicht standen die Kiefern im Forst Gewerkschaft Augustus. Diese Baumart wurde hauptsächlich für den Bau der Stollen verwendet, und da ging der Bedarf nie aus.

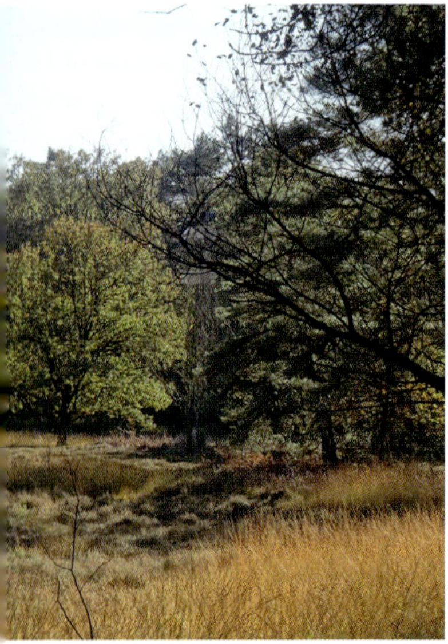

Das kleine Deutener Moor

2002 konnte der Regionalverband Ruhr (RVR) mit Hilfe des Landes Nordrhein-Westfalen das Gebiet vom Mannesmann-Konzern übernehmen, um daraus ein ökologisch orientiertes Naturerlebnisgebiet zu machen, das heute zu den größten Waldgebieten des Naturparks Hohe Mark gehört. Vom dichten Kiefernforst zu einem gesunden Mischwald: Das ist das Ziel, und dafür werden immer noch im großen Stile Rotbuchen gepflanzt. Aufgrund der Klimaerwärmung ist die Belastung für Monokulturwälder sehr hoch und der Weg zum nachhaltigen Mischwald unerlässlich geworden. Wie in jedem Naturschutzgebiet sollte man sich hier auf den Wegen halten, die Hunde anleinen, nicht lärmen und den Müll wieder mit nach Hause nehmen.

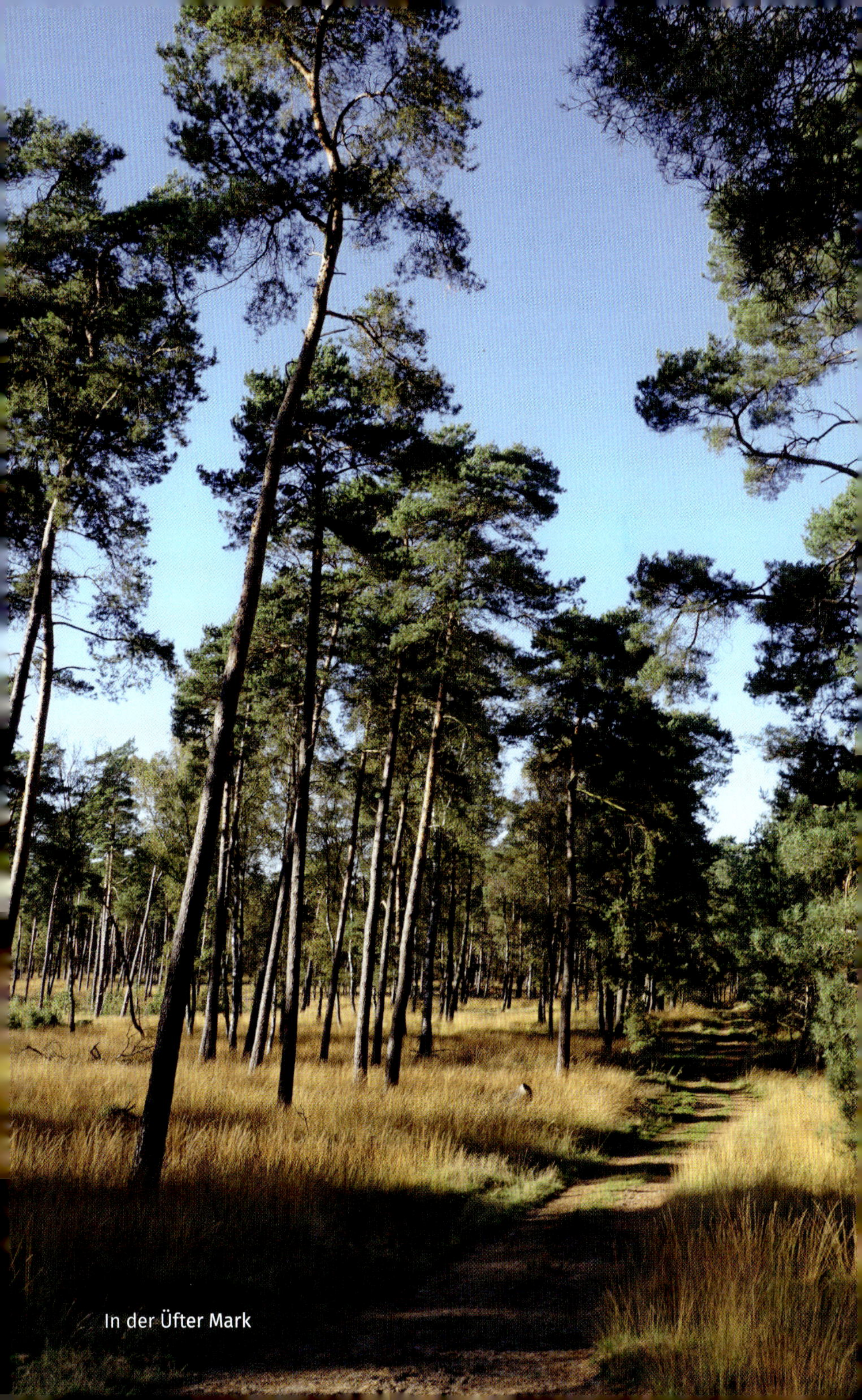

In der Üfter Mark

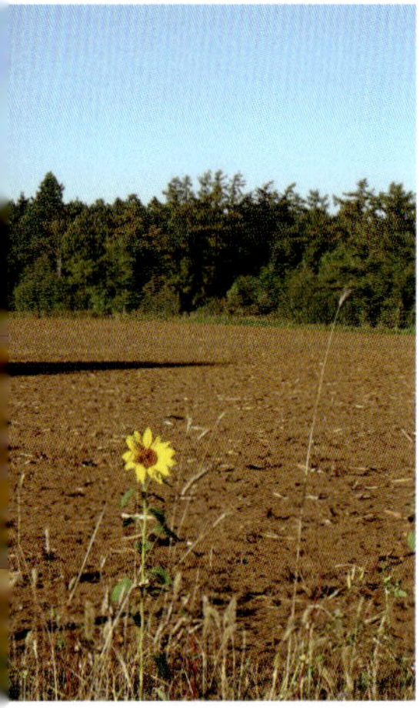
Feld bei Schermbeck

Rechtskurve ein schmaler Pfad links in den Wald ab. Wir halten uns links, folgen dem Weg in der Rechtskurve und dann bis zum Querweg. Dort links und an der nächsten Möglichkeit rechts abgebogen, wenden wir uns vor dem Zaun nach rechts und sobald möglich wieder nach links. Auch den nächsten Weg nehmen wir nach links und gehen hinter der Schranke geradeaus, bis wir dem Steig vor einer eingezäunten Lichtung nach rechts folgen.

Variante

Es empfiehlt sich, hier geradeaus Richtung Schermbeck-Mitte zu wandern, dem mit X8 gekennzeichneten Weg folgend.

Gut 50 Meter hinter der Lichtung zweigt der Steig nach links auf den Pfad ab. Noch im Wald nehmen wir an der Gabelung den linken Pfad, der bald an einem Feld entlang und an dessen Ende links wieder durch Wald führt, wo er schließlich vor einer Reihe von Privatgrundstücken nach rechts abknickt. Nun erreicht er eine kleine Straße, die uns nach links zur Erler Straße bringt, wo diese Etappe offiziell endet.

Info

Schreiende Kiefern

Der Bergbau hatte im 19. und 20. Jahrhundert großen Bedarf an Holz, insbesondere an Kiefernholz. In den nahen Wäldern wurden großflächig Forste angelegt, die bis heute sichtbar sind – auch wenn sie inzwischen nach und nach in Mischwälder umgewandelt werden. Stützbalken aus Kiefernholz waren für den Bau der Stollen von großer Wichtigkeit, warnen sie doch durch ihr durchdringendes „Schreien“, bevor sie zu brechen drohen – und die Bergleute konnten sich in Sicherheit bringen.

Am Weg

Rhader Mühlenbach

Der Rhader Mühlenbach wurde 2014 südlich des Rhader Bahnhofs aus seinem Korsett aus Hochofenschlacke befreit – in den 1970er Jahren war das durchaus üblich, diesen giftigen Abfall zur Befestigung der Flüsse zu verwenden. Heute weiß man, dass ein frei fließender Bach besser zum Hochwasserschutz beiträgt als einer, der eingesperrt ist, und so wurde die umweltbelastende Schlacke abgetragen und der Bach wieder in einen natürlichen Flusslauf zurückversetzt. An Bereichen ohne Uferstreifen wurden Erlen gepflanzt. So hat der Rhader Mühlenbach an einigen Stellen seine Natürlichkeit schon wieder zurückgewonnen und seine Entwicklung wird mit Interesse beobachtet.

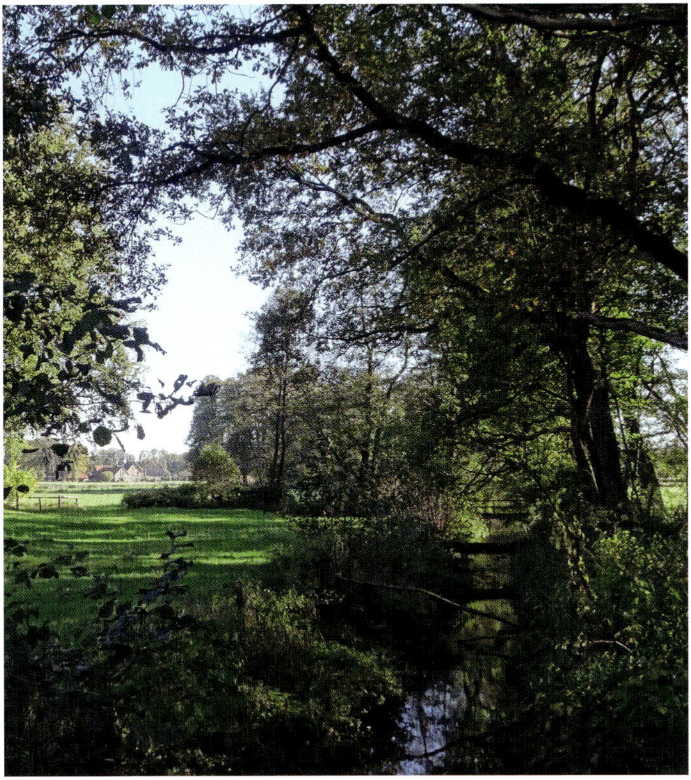

Info

Hirschgebiet Üfter Mark

Was ist das Besondere an diesem Waldgebiet des Naturparks Hohe Mark? Der Hirsch, der König des Waldes, ist hier zu sehen! Wer die Bereitschaft hat, in Ruhe und Stille zu wandern, kann mit großer Wahrscheinlichkeit verschiedene Wildtiere beobachten. Die Chancen steigen natürlich, wenn man sich in den Dämmerungsphasen auf den Weg macht. Neben Wildschweinen, Rehen und Füchsen können die Nachtschwärmer unter den Wanderinnen und Wanderern auch den geschützten Fledermausarten Große und Kleine Abendsegler und Bechsteinfledermaus begegnen.

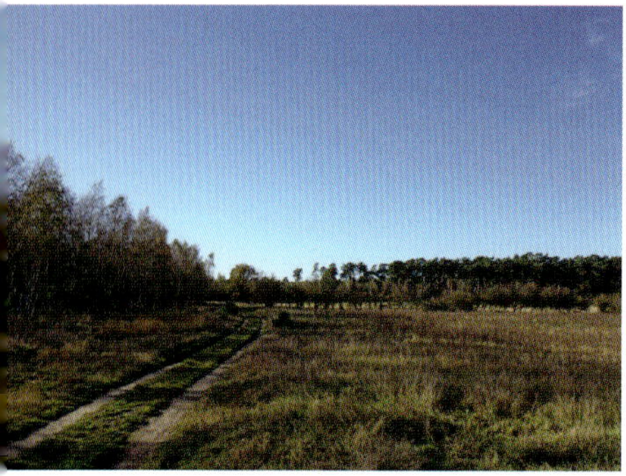

Ein besonderes Tier

Schon bei unseren Urahnen waren die Hirsche heilige und verehrte Tiere und so ist es ein ganz besonders anmutiger und rarer Augenblick, sie in ihrer natürlichen Umgebung zu erleben. Nur wenigen wird dieser Anblick gewährt. Für die Kelten und Germanen waren Geweihe so etwas wie die „Antennen zum Himmel", also ein besonderes, göttliches Merkmal. Bei den Kelten und Nordvölkern wurde der Gott „Cernunnos", der Gehörnte, verehrt. Er war es, der die Seelen auf ihrer Reise begleitete und die Menschen vor Unheil schützte. Auch heute gibt es auf der ganzen Welt noch Schamanen, die sich aus Geweihen von Rehen und Hirschen einen Kopfschmuck anfertigen, um so besser mit den Göttern zu kommunizieren.

Aussichtskanzel Rhaderweg

Wer etwas Geduld und Zeit mitbringt, kann auf der Aussichtskanzel vielleicht Hirsche beobachten. Was von dort aus auf jeden Fall zu sehen ist: die wunderbare Natur! Und für eine angenehme Pause eignet sich der Ort auch. Egal ob allein oder mit der Familie – ein besonderer Platz, um eine Rast einzuplanen.

Gastronomie

Café am Schloss, Schloss 2, 46286 Dorsten, Telefon 02369/76892, www.cafe-schlosslembeck.de

Übernachtung

Übernachten am Start

In direkter Nähe zum Beginn der Etappe gibt es keine Unterkunftsmöglichkeiten.
Mit der Regionalbahn erreicht man in beide Richtungen an der nächsten Haltestelle ein Hotel: Richtung Essen in Wulfen das Hotel Humbert und Richtung Coesfeld in Klein-Reken das Hotel Eichenhof.
Hotel Humbert, Dülmener Straße 1, 46286 Dorsten, Telefon 02369/204110, www.hotel-humbert.de
Hotel Eichenhof, Dorfstraße 4, 48734 Reken, Telefon 02864/883111, www.eichenhof-reken.de
Ferienwohnungen und andere Unterkünfte in der Nähe unter: www.stadtinfo-dorsten.de/images/pdf/unterkunftsverzeichnis_web.pdf

Übernachten am Ziel

Hotel Restaurant Zur Linde, Mittelstraße 96, 46514 Schermbeck, Telefon 02853/91360, www.hotel-zur-linde-schermbeck.de
Hotel Restaurant Haus Mühlenbrock, Weseler Straße 24, 46514 Schermbeck, Telefon 02853/2480, www.haus-muehlenbrock.de
Hotel Restaurant Schermbecker Mitte, Mittelstraße 28, 46514 Schermbeck, Telefon 02853/2133, www.schermbecker-mitte.de

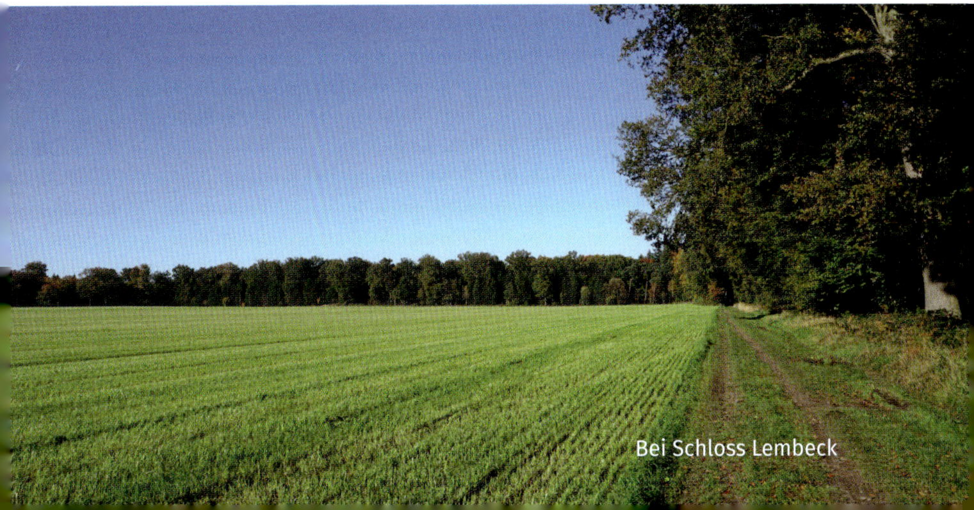

Bei Schloss Lembeck

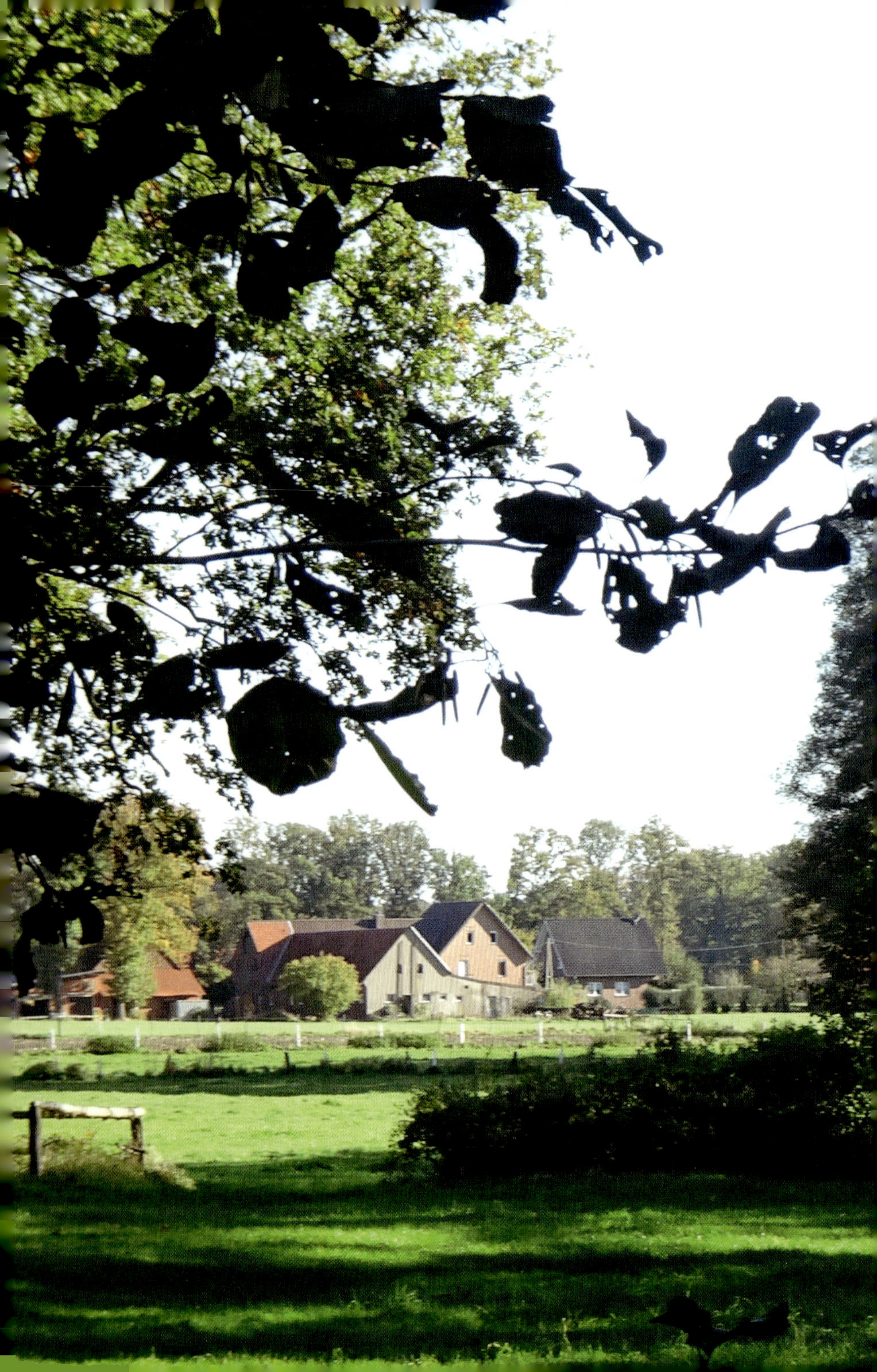

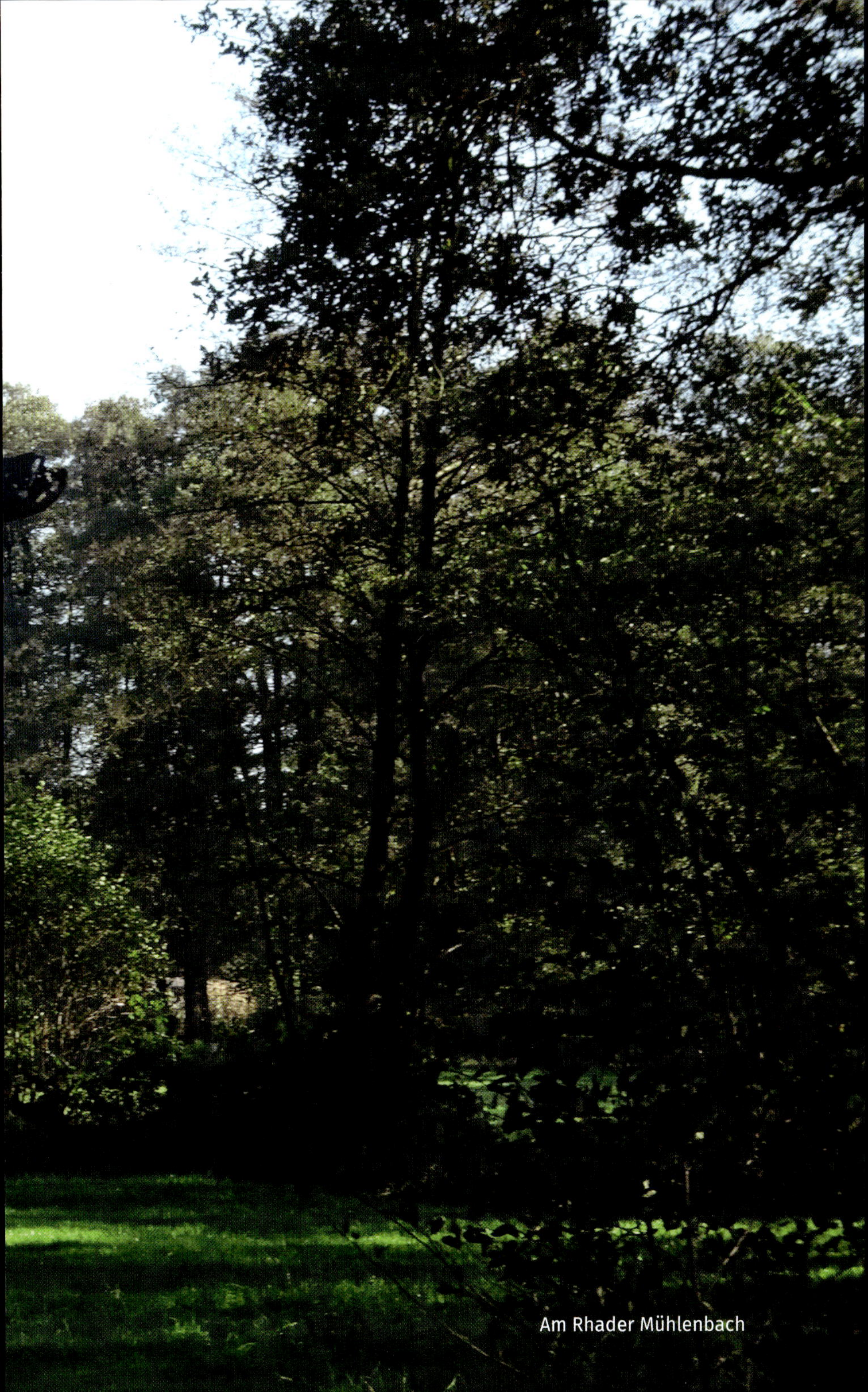

Am Rhader Mühlenbach

Etappe 2

- Startpunkt
- Zwischenziele
- Zielpunkt
- Gastronomie
- Übernachtung
- Kulturstätte
- Aussichtspunkt

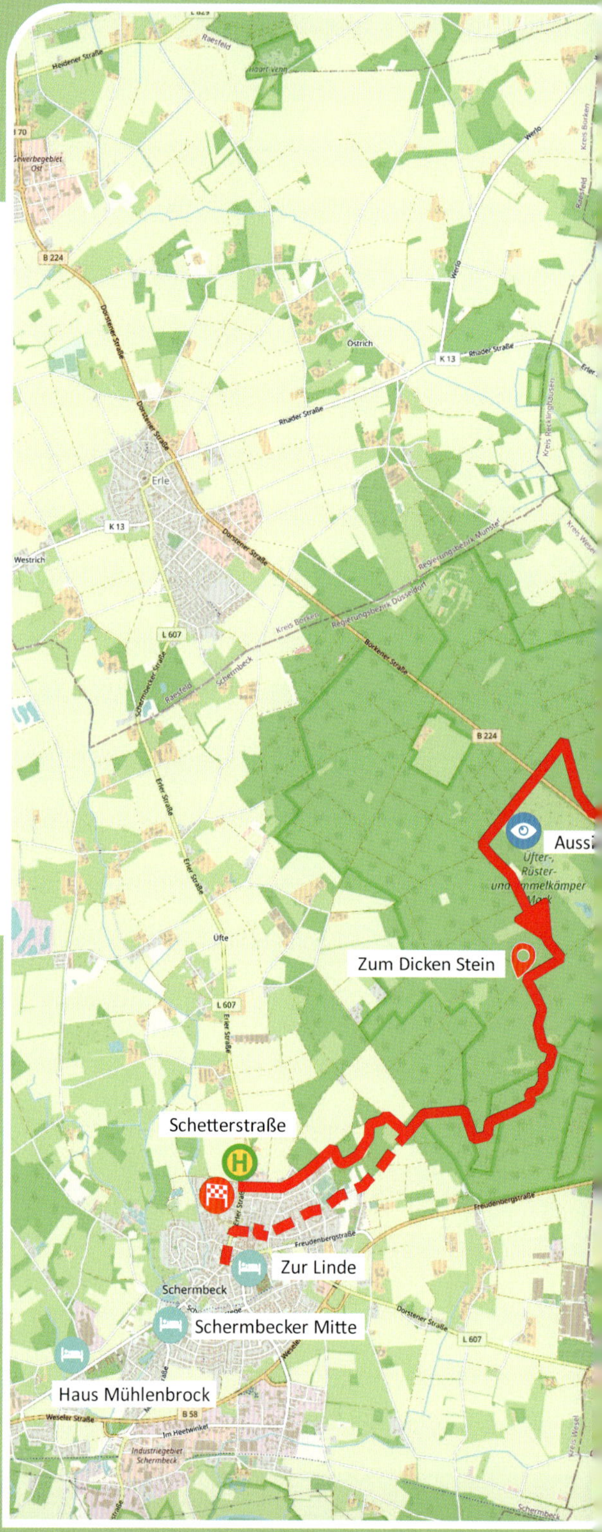

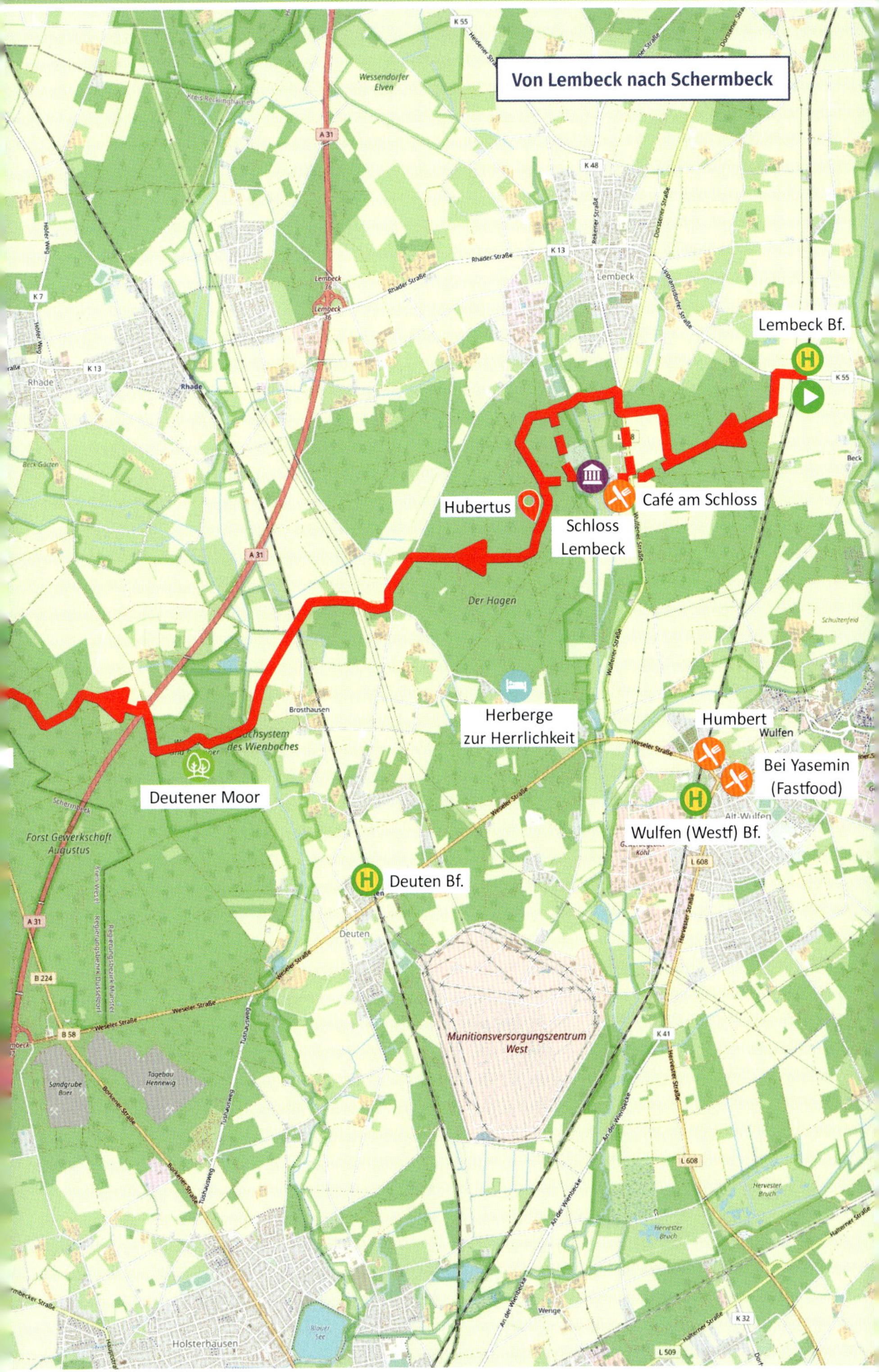
Von Lembeck nach Schermbeck
Lembeck Bf.
Café am Schloss
Hubertus
Schloss Lembeck
Der Hagen
Herberge zur Herrlichkeit
Humbert
Bei Yasemin (Fastfood)
Wulfen (Westf) Bf.
Deutener Moor
Deuten Bf.
Munitionsversorgungszentrum West
Lembeck
Rhade
Deuten
Wulfen
Holsterhausen
Brosthausen
Forst Gewerkschaft Augustus

Wo die Wildnis dämmern darf

Zwischen Schermbeck und der Bärenschleuse grüßt das Münsterland

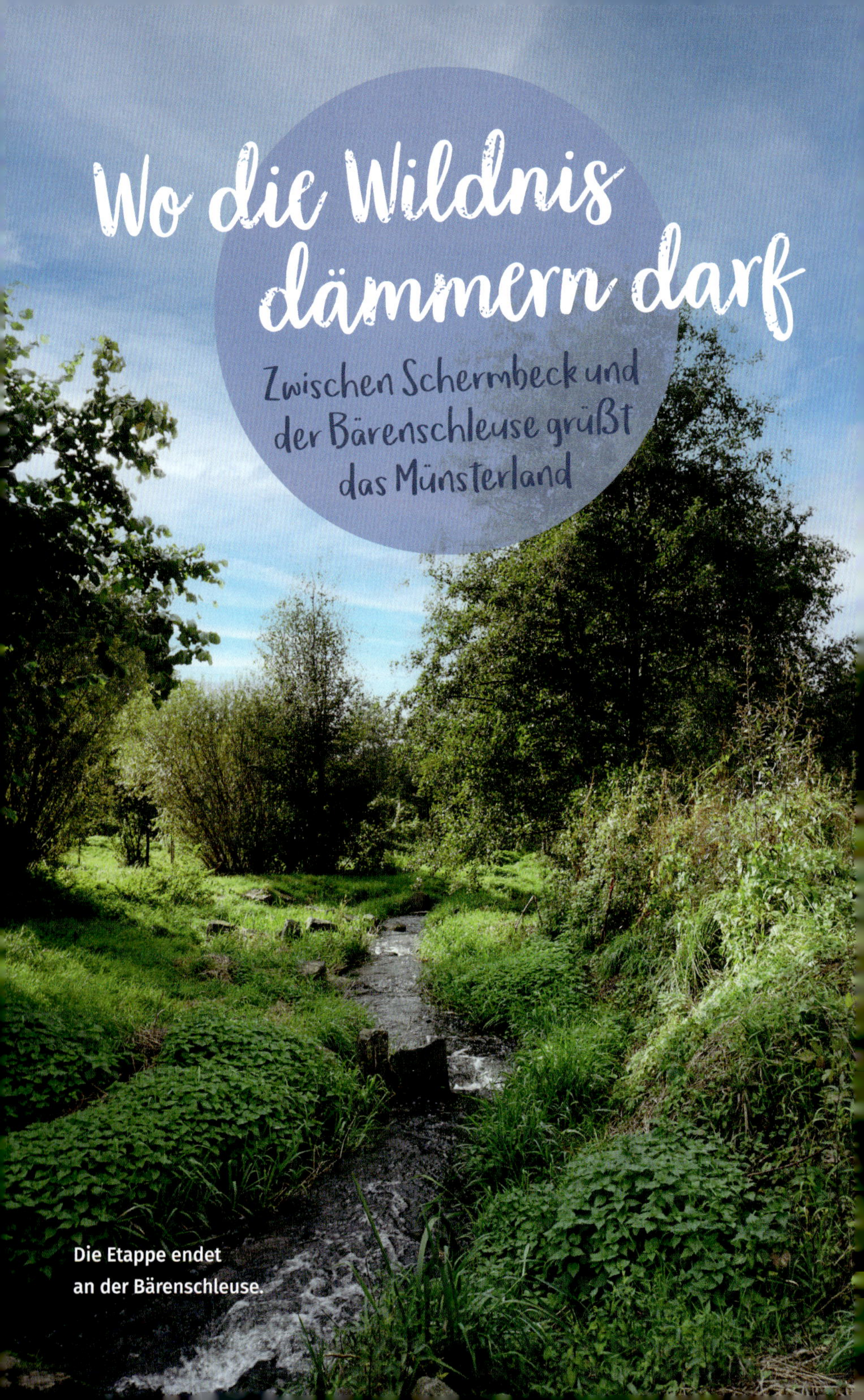

Die Etappe endet an der Bärenschleuse.

Kaum hat man Schermbeck verlassen, wartet der schier unendliche Dämmerwald. Die Natur ist hier ganz sich selbst überlassen und zwischen sandigen Wegen und feuchten Wiesen fällt man in der Weite des Waldes selbst leicht in einen entspannten Dämmerzustand. Das ändert sich auch dort nicht, wo es schnurgerade durch die münsterländische Parklandschaft Richtung Steinberge geht. Durch eine Apfelplantage gelangt man zur Lühlerheide, und im Herbst darf man sich sogar einen der dicken roten Äpfel aufheben. Ein nächster Höhepunkt ist ohne Zweifel das wiedereröffnete Pankok-Museum – wenigstens für einen Besuch des von der Issel umschlungenen Gartens der Künstler-Familie sollte man sich Zeit nehmen. Der kleine, leider begradigte Fluss leitet zum Etappenende an der Bärenschleuse.

Etappe 3

6:30 Std. | 25,5 km

Anreise mit ÖPNV: Die Bushaltestelle Schermbeck Rathaus wird aus Wesel, Raesfeld und Dorsten angefahren (Linien 71, 293, 299, SB18 und SB21).
Anreise mit dem Auto: Weseler Straße 1, Parkplatz am Rathaus in Schermbeck. Von dort weisen gelbe Schilder den Zustiegsweg zur Hauptroute.
Abreise mit ÖPNV: Von den Bushaltestellen Schwefing oder Am Lauerhaas fährt alle zwei Stunden ein Bus nach Wesel (Linie 72), dort gibt es Anschluss mit dem Bus nach Schermbeck. Zur Haltestelle Schwefing am besten schon an der Isselbrücke hinter Haus Esselt rechts die kleine Straße zur Autobahn nehmen. Die Haltestelle befindet sich 450 Meter hinter der A3.
Die Haltestelle Lauerhaas erreicht man über den Zustiegsweg nach Wesel, indem man dem Fußweg an der Schleuse geradeaus folgt.

Wegbeschreibung: Diese Etappe beginnt man am besten in Altschermbeck und geht vom Parkplatz oder der Bushaltestelle am Rathaus den gelben Zustiegsschildern folgend links um die Teiche herum und dann über den Bösenberg, bis nach links der Schotterweg abzweigt.

Der offizielle Beginn dieser Etappe befindet sich allerdings am Ortsausgang Richtung Raesfeld, an der Bushaltestelle Schetterstraße. Die kleine Straße „Im Bruch" führt uns bis zum Waldrand und dann, nunmehr auf geschottertem Untergrund, nach links.

Für etwa 50 Meter schwenken wir in ein Wohngebiet ein, um dann rechts Richtung Wesel und Alter Lichtenhagen abzubiegen. An dieser Kreuzung treffen sich die beiden Varianten.

Info

Altschermbeck

Altschermbeck entstand 799 aufgrund einer Schenkung des Heiligen Liudger, der die Güter „Scirenbeke" und „Ruscethe" dem Kloster Werden überschrieb. Dieser Heilige gilt auch als Gründer des Bistums und Erbauer der Kirche in Altschermbeck. Während Schermbeck im 9. Jahrhundert an Kaiser Lothar I. fiel, wurde Altschermbeck dem Ostfrankenreich unter König Ludwig abgetreten. Die Frage, ob Altschermbeck gar nicht so viel älter ist, wie der Name vermuten lässt, stellt sich, seitdem in Schermbeck 3000 Jahre alte archäologische Funde gemacht wurden. Wie auch immer: Das beschauliche Städtchen Schermbeck mit netten Hotels und einer kleinen florierenden Einkaufsstraße ist ein sympathisches Etappenziel.

Informationen unter www.schlosslembeck.de

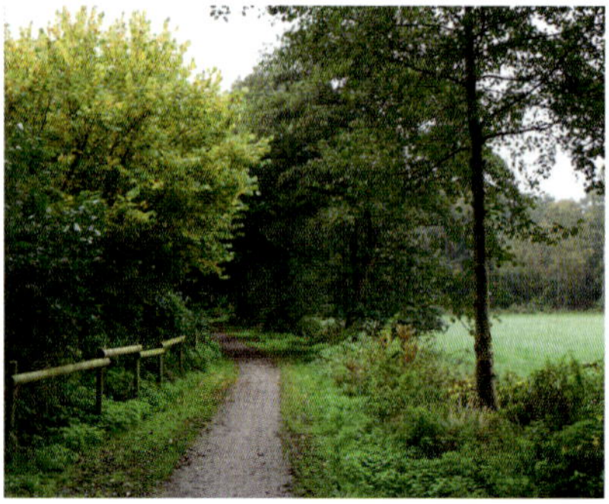

Am Rand von Schermbeck

Info

Ehemaliges Wasserschloss Burg Schermbeck

Das ehemalige Wasserschloss Schermbeck wurde schon um 1300 als klevische Landesburg erbaut. Wie viele andere Burgen wurde auch diese mehrfach zerstört und beschädigt und umgebaut. Seit 1662 befindet sie sich in Privatbesitz. Die Burg, die untere und obere Burgmühle sowie die Mühlenteiche gehören zum Boden- und Baudenkmal „Burganlage an den Mühlenteichen".

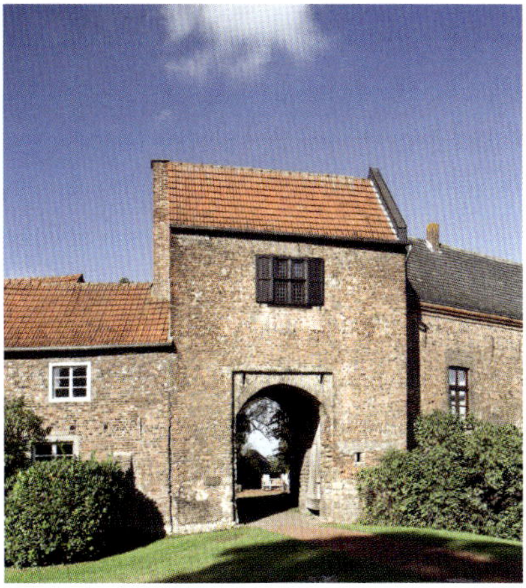

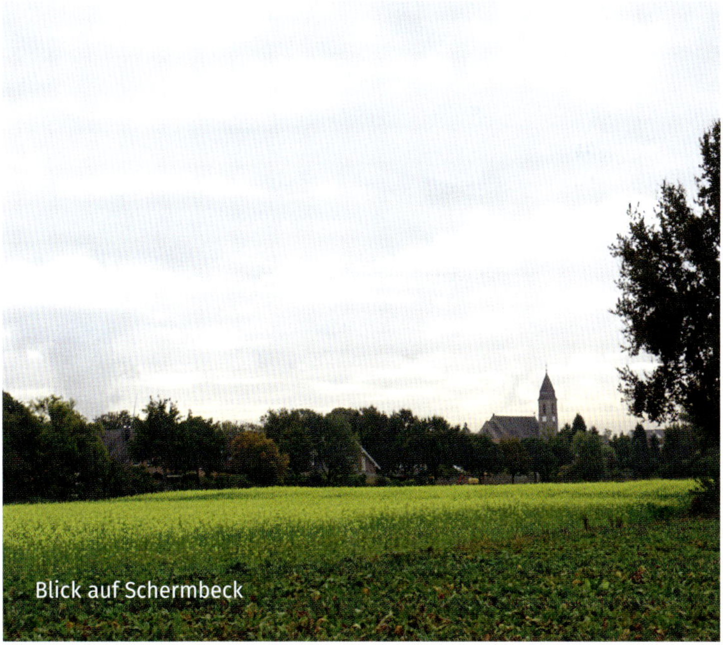

Blick auf Schermbeck

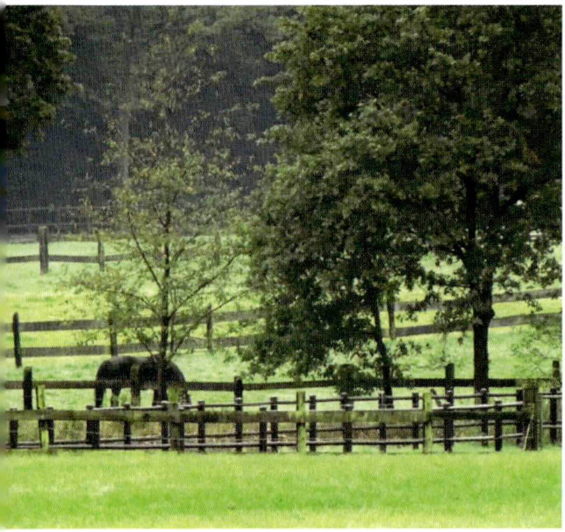

Auf dem Weg in den Dämmerwald

Hinter einer Brücke und einem kleinen Wildgehege nehmen wir an der Gabelung den rechten Weg zur Straße, die uns nach rechts führt, bis wir in „Auf der Kotte" nach rechts abbiegen.
Der Feldweg führt uns zum Lanterweg, auf dem wir nach links bis zum nächsten Feldweg wandern, in den wir nach rechts abbiegen. Er bringt uns geradeaus in den Dämmerwald, und wir halten die Richtung auch an der Kreuzung, an der die Holzfigur steht. Bald passieren wir eine Schranke, halten uns dahinter an der Gabelung links und an der nächsten Abzweigung rechts. Schnurgerade führt die Route weiter, bis sie an der nächsten Kreuzung links abbiegt. Hinter dem Jägerheidemoor wenden wir uns an der Gabelung links. Hier trifft der Zustieg von Raesfeld auf die Route.
An der nächsten Kreuzung wandern wir nach rechts und am Jakobsbrunnen ebenfalls. Die nächste Abzweigung führt nach links Richtung Malberg.

Info

Lichtenhagen

Im Naturschutzgebiet Lichtenhagen, das sich im Naturraum „Niederrheinische Sandplatten" befindet, hat sich ein Biotopkomplex aus Eichenwäldern, Heideflächen, Stillgewässern und Auenwäldern gebildet. Diese besondere Kombination bietet Wanderern die Chance, Feuersalamander, Moorfrösche und Eisvögel zu beobachten. An der Klever Landwehr wird die Grenze zwischen römischem und germanischem Siedlungsgebiet vermutet, und so wandert man nicht nur an einem biologisch, sondern auch historisch wichtigen Ort.

Am Weg

Neue Wildnis Dämmerwald

Alter Eichenwald wird zum Urwald vor der Haustür. Die pure Wildnis im Dämmerwald – ein Naturschutzgebiet mit Lernfaktor: sechs Wildnisfenster auf einem 2,6 Kilometer langen Weg, der am „Wildnistor" am Wanderparkplatz „Teufelstein" startet, Informationstafeln über Entwicklungsphasen, Wildnisstrukturen und Tierspuren und das Angebot einer Wildnis-App. Es lohnt sich also, noch einmal wiederzukommen! Erzählt wird, wie sich die Beziehung zwischen Mensch und Wald entwickelt hat, wie sich Totholz bildet und was daraus wird, wie die Prozesse von Leben und Vergehen im Wald ablaufen. Das Projekt „Neue Wildnis Dämmerwald" verbindet Naturschutz und Umweltbildung miteinander. Seit 2009 wurden in Nordrhein-Westfalen Wildnis-Entwicklungsgebiete ausgewiesen. Man will einen Beitrag zu Natur- und Artenschutz leisten. Der Wildnisweg ist ein Pilotprojekt, mit dem die Gemeinde Schermbeck zusammen mit „Wald und Holz NRW" etwas für Wald und Mensch geschaffen hat.

Ein Erfolg: Die scheue Wildkatze, die unserer getigerten Hauskatze ähnelt und nur etwas größer ist, hat sich im Dämmerwald wieder heimisch gemacht. Eine Wildkatze zu Gesicht zu bekommen ist äußerst schwierig: Sie sind besonders scheu, perfekt getarnt und hauptsächlich in der Nacht auf der Suche nach Beute im Wald unterwegs.

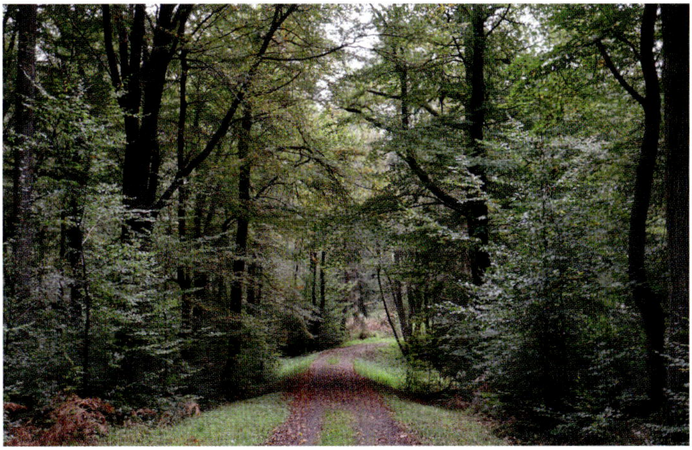

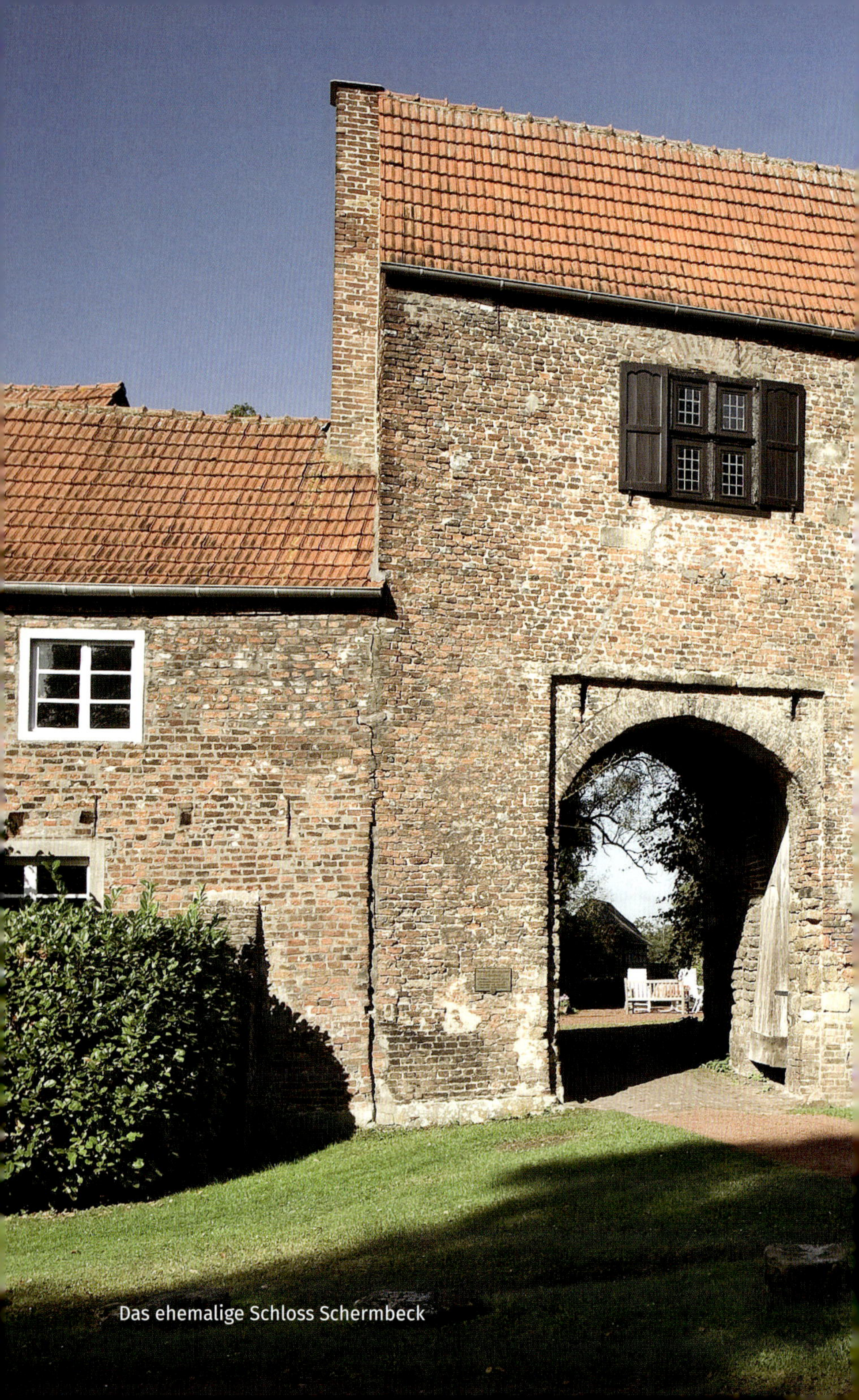
Das ehemalige Schloss Schermbeck

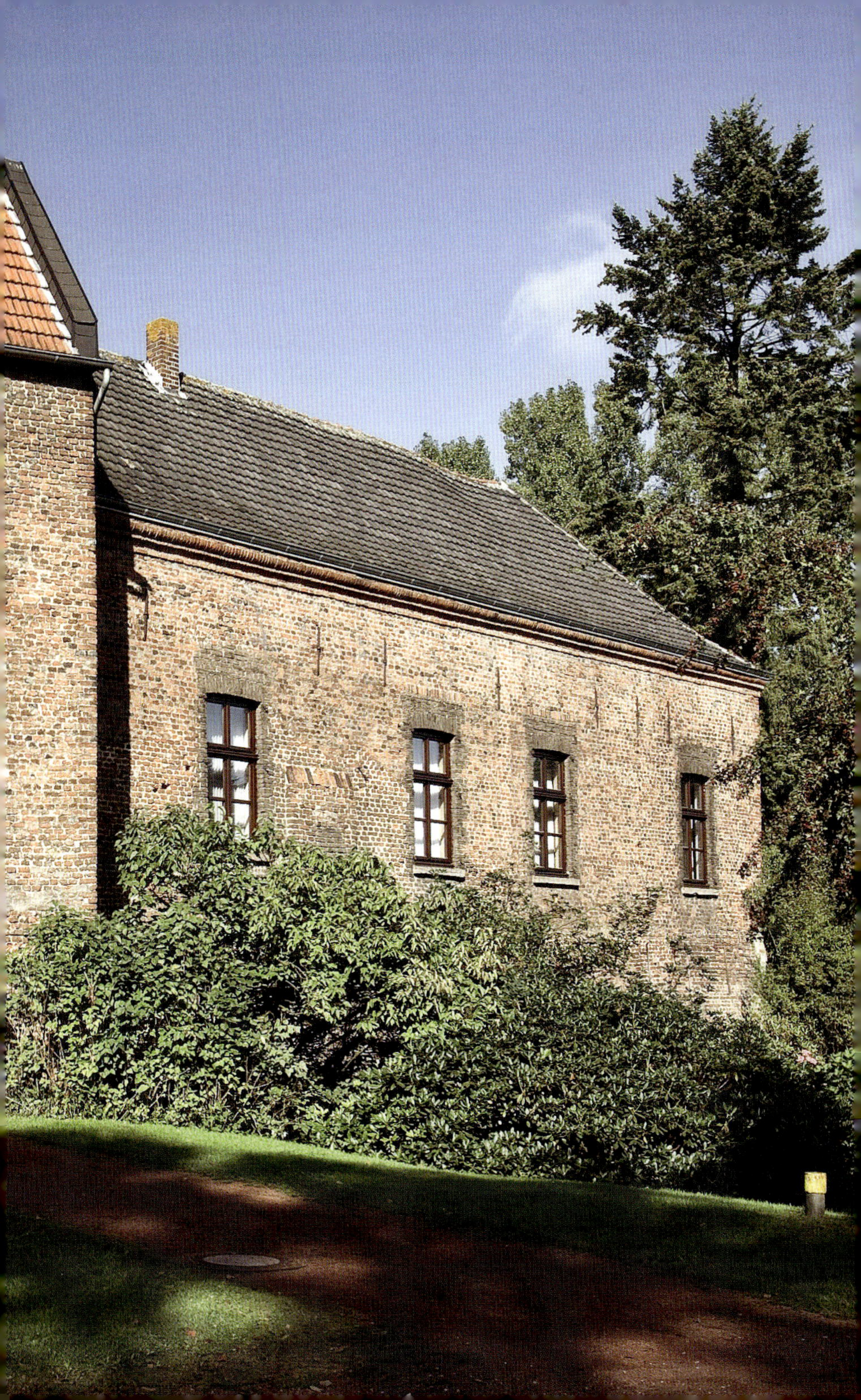

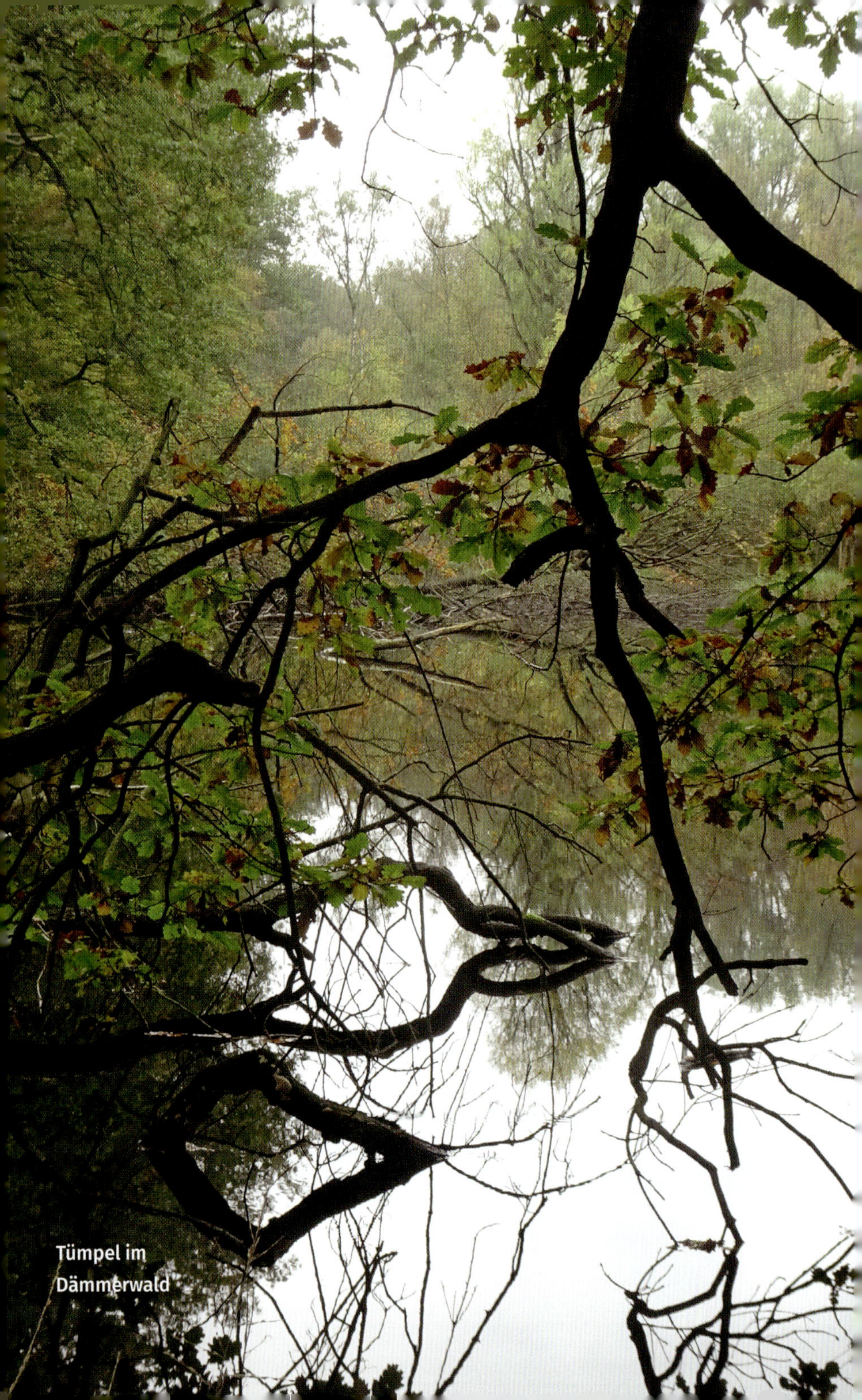

Tümpel im Dämmerwald

Den vor der nächsten Kreuzung im spitzen Winkel links abzweigenden Radweg ignorieren wir, nehmen aber direkt dahinter den Weg nach links. Dort, wo der Forstweg eigentlich nach links weiterführt, zweigt nach rechts ein weiterer zweispuriger Weg ab, dem wir durch die Linkskurve folgen. Im Wald, dort, wo rechter Hand ein Graben eingeschnitten ist, führt der Weg wieder links und schließlich aus dem Dämmerwald heraus. Von hier aus erreicht man in 300 Metern nach rechts den Gasthof Pannebäcker, scharf links ist der Gasthof „Zum Fuchsbau" ausgeschildert. Dieser ist knapp zwei Kilometer entfernt.

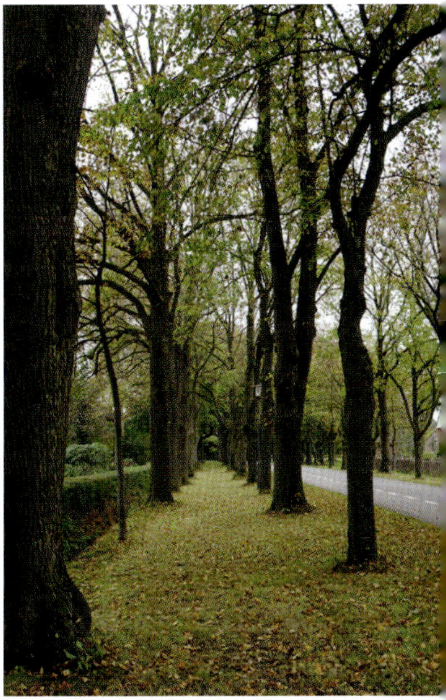

Eine Allee führt aus der Lühlerheide hinaus.

Der Steig folgt dem Radweg an der Straße ein kurzes Stück nach links, bevor wir bei nächster Gelegenheit rechts abbiegen. Nicht davon irritieren lassen, dass die Stichstraße vor dem Gebäude endet: Der Wanderweg führt rechts daran vorbei.

Zwischen zwei Feldern und einigen Windkrafträdern verläuft der Weg geradeaus, und das bleibt auch jenseits der schmalen Querstraße so. Eine Allee aus Apfelbäumen führt zur evangelischen Stiftung Lühlerheim. Dahinter gelangen wir an eine Querstraße und gehen darüber hinweg über den Feldweg bis zur T-Kreuzung. Hier biegen wir links ab und wenden uns, nachdem wir rechts und links an einzelnen Häusern vorbeigekommen sind, nach rechts auf den unscheinbaren Pfad.

Er führt uns durch den Wald zur Straße, von der wir etwa 100 Meter weiter rechts gegenüber in die Allee abbiegen. Hinter der Rosenplantage geht es zunächst geradeaus weiter, bevor wir an der nächsten Kreuzung, dort wo links eine Wiese beginnt, nach rechts abbiegen. Auf dem ersten echten Querweg wenden wir uns nach links und nach einem sehr sandigen Streckenabschnitt unter der Hochspan-

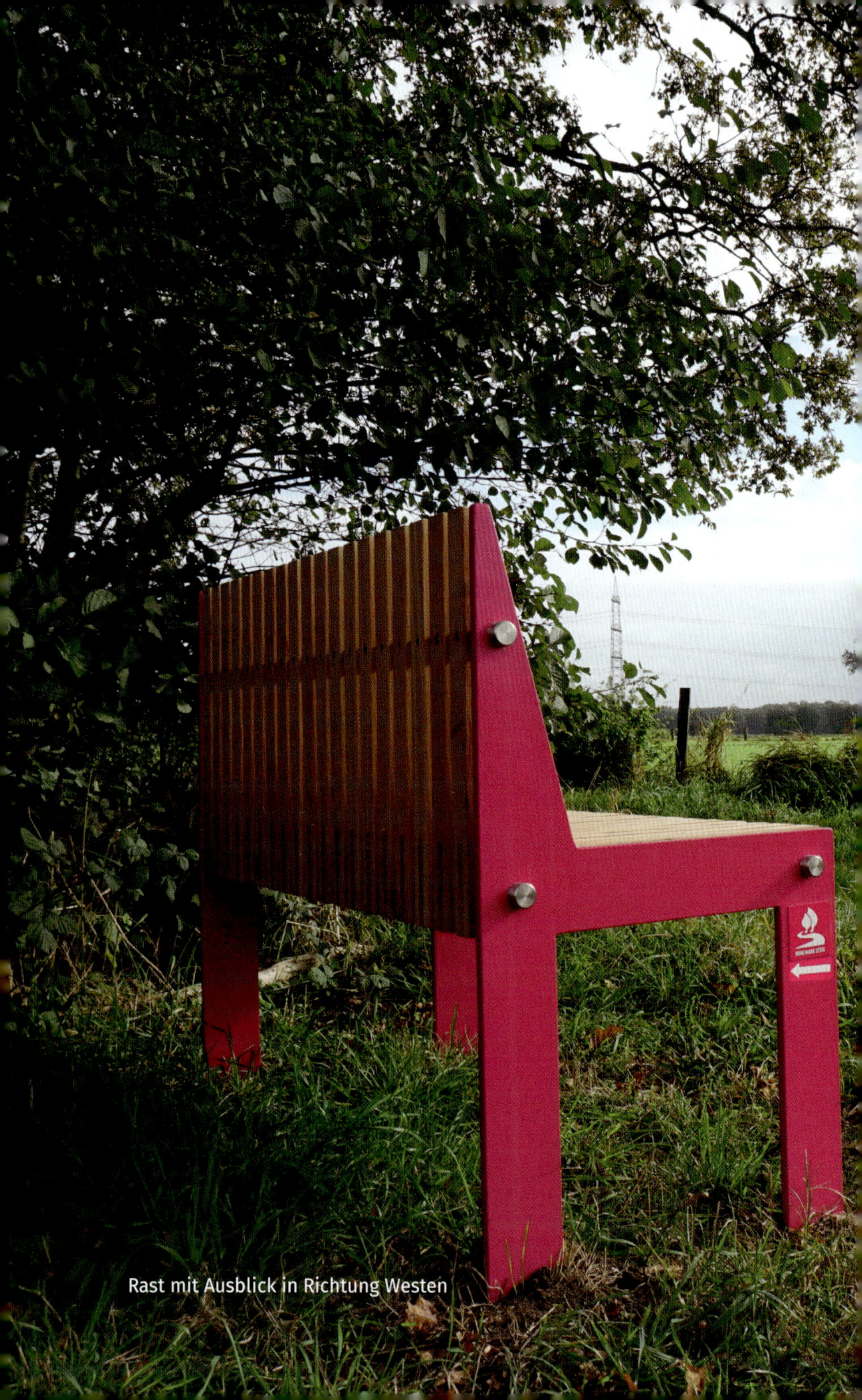

Rast mit Ausblick in Richtung Westen

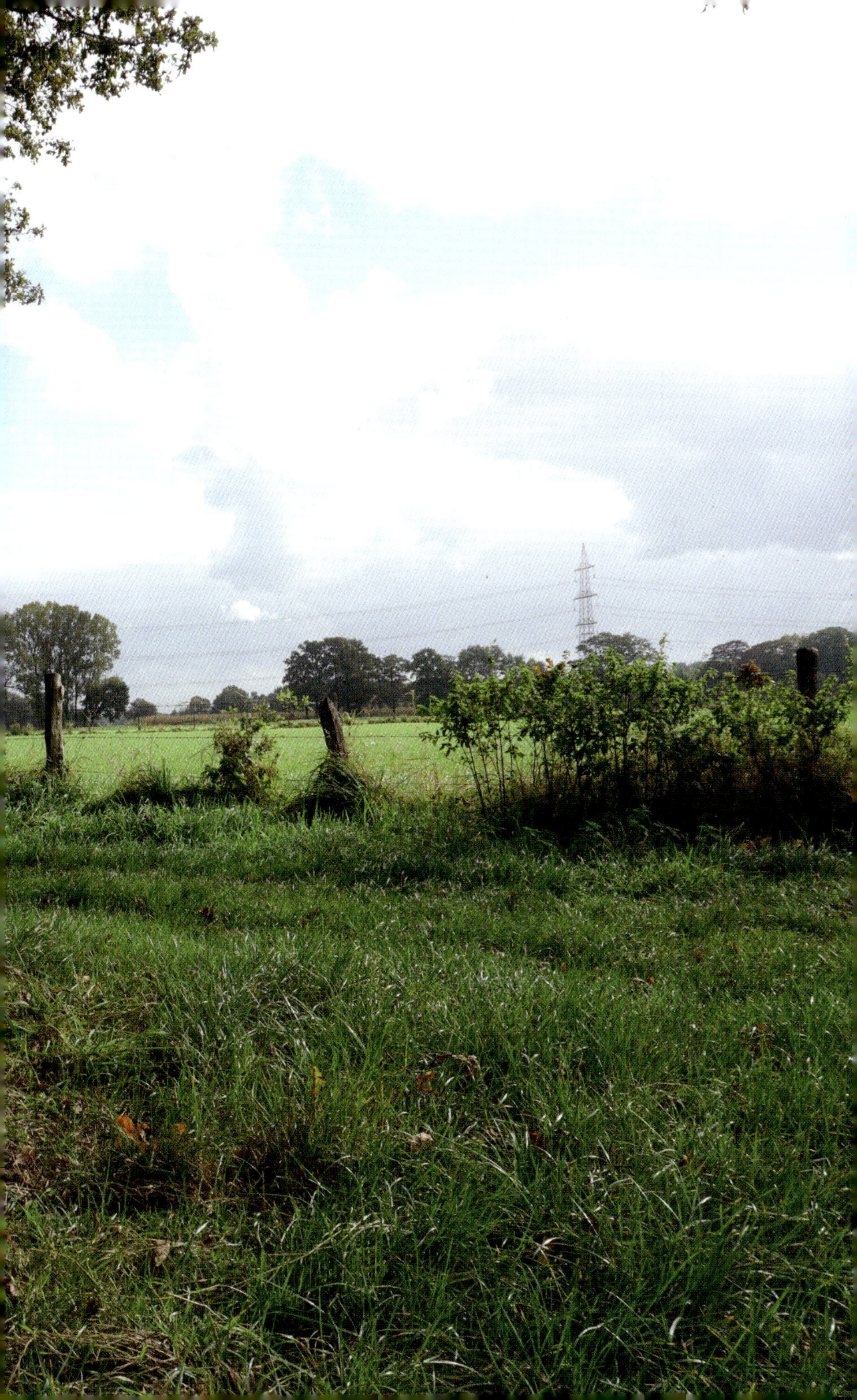

Am Weg

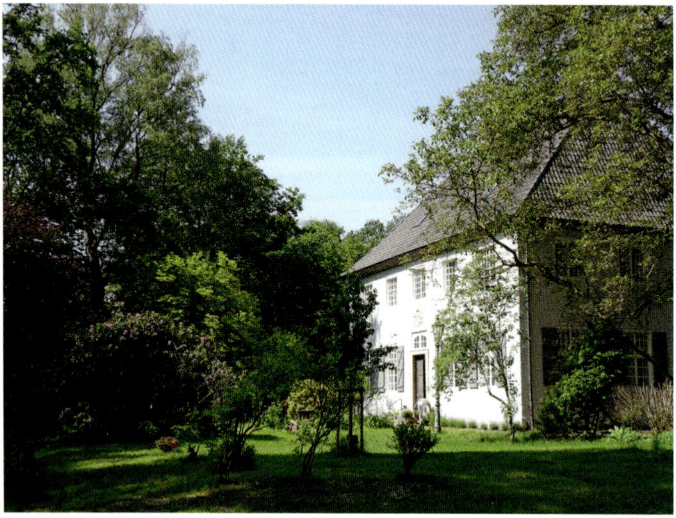

Otto-Pankok-Museum in Haus Esselt

Die Familie Pankok zog 1958 in das Haus Esselt, Eva Pankok lebte dort bis zu ihrem Tod 2016. Das Haus atmet immer noch die Geschichte dieser Künstlerfamilie, ist es doch noch genauso erhalten, wie sie es eingerichtet hat. Besucherinnen und Besucher sind nicht nur im Ausstellungsraum, sondern auch im Haus herzlich willkommen, dürfen wortwörtlich ohne Berührungsängste alles anschauen und erleben. Und deshalb ist es auch kein Museum im herkömmlichen Sinn, obwohl in der ehemaligen Scheune mehrere tausend Exponate aller drei Pankoks in wechselnden Ausstellungen und im Archiv aufbewahrt werden – des Zeichners, Grafikers und Bildhauers Otto, seiner Frau, der Journalistin und Schriftstellerin Hulda, und ihrer Tochter, der Malerin Eva Pankok. Es ist viel mehr als ein Museum, es ist ein bisschen wie nach Hause kommen in eine Welt voller Kunst, Ästhetik und Schönheit. Und dann gibt es neben Haus und Ausstellungsraum noch diesen wunderbaren, großen Garten und den etwa einen Kilometer langen Landschaftsmalerweg, auf dem man sich frei bewegen und inspirieren lassen kann. So wie Otto Pankok, für den die Inspiration und das Malen in der Natur große Bedeutung hatten.

nungsleitung nach rechts. An der Straße folgt unsere Route den Schildern Richtung Otto-Pankok-Museum.

Nach dem Besuch des Museums führt uns die Becksstege zunächst nach rechts, und wir bleiben ihr auch dort treu, wo sie nach links abzweigt. Weiter geht es auf dem Eimersweg nach links, bis wir an der nächsten Möglichkeit nach links auf den Feldweg abbiegen, der uns bis zur Issel führt. Dort rechts abgebogen, wandern wir auf dem Deich bis zur Brücke.

Hinter der Brücke geht es auf der anderen Seite der Issel weiter, unter der Autobahn hindurch und dahinter über die nächste Brücke. In der Rechtskurve verlassen wir die kleine Straße nach links auf den Damm zur Bärenschleuse, dem Ende dieser Etappe.

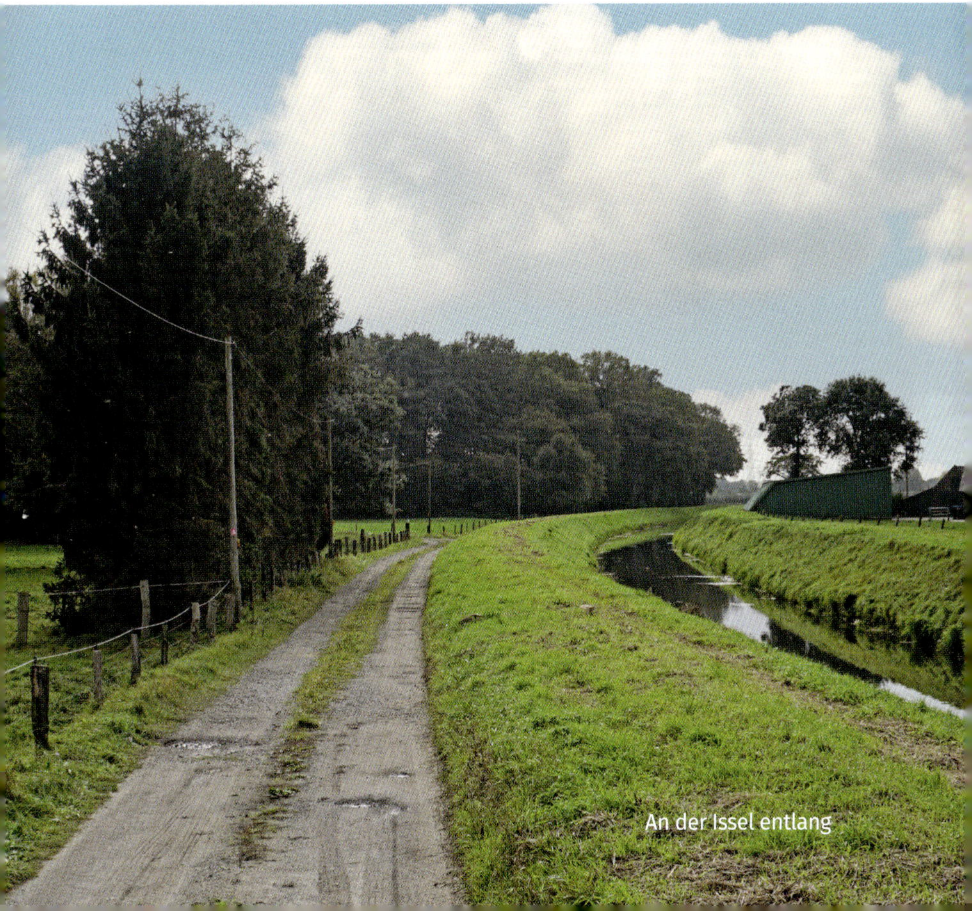

An der Issel entlang

Am Weg

Issel

Der kleine Fluss Issel heißt auf niederländischer Seite „Oude Ijssel“, also alte Issel. Er entspringt im Naturpark Hohe Mark-Westmünsterland südlich von Borken und mündet in die holländische Ijssel, den nördlichsten Mündungsarm des Rheins, der dann bei Kampen in das Ijsselmeer fließt. Der Fluss bildet die Sprachgrenze zwischen dem niederrheinischen und westniederdeutschen Sprachgebiet, also zwischen dem Niedersächsischen und Niederfränkischen. Historisch lag hier auch eine heiß umkämpfte Grenze, nämlich zwischen Westfalen und dem Rheinland.

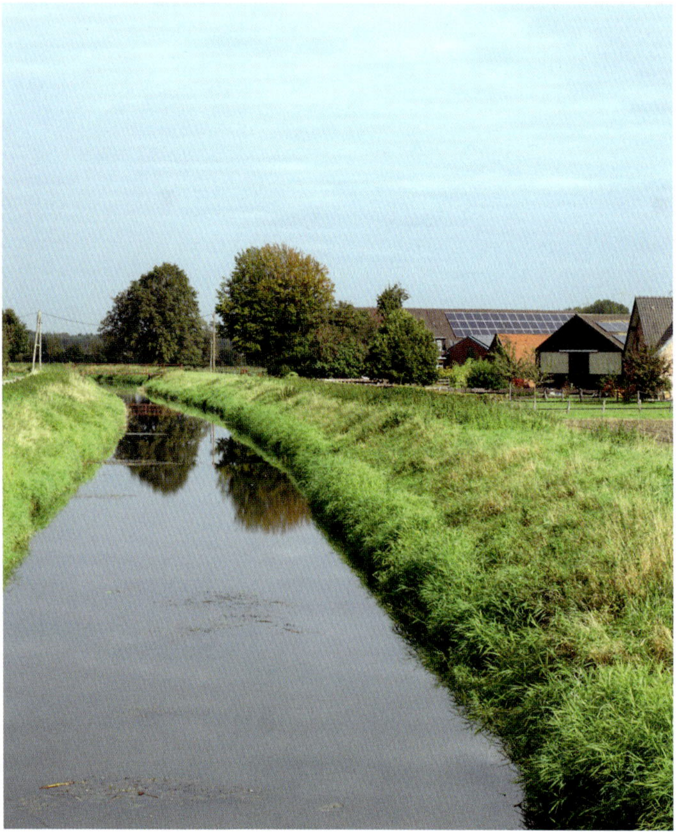

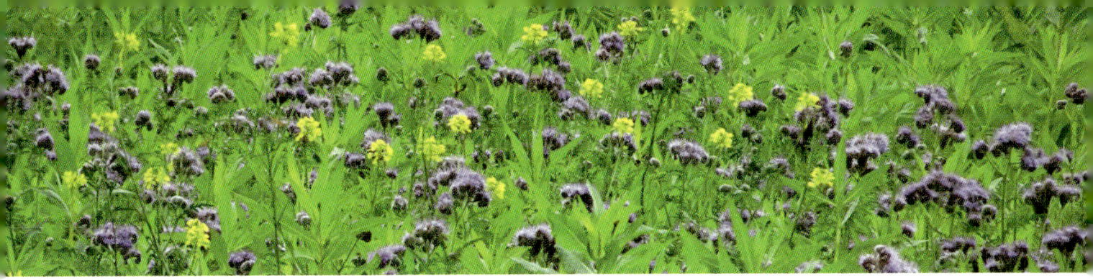

Gastronomie

Angelparadies und Forellenzucht Bruno Schoel, Lichtenhagen 16c, 46514 Schermbeck, Telefon 02853/4222, www.angelparadies-schoel.de
Gasthof Pannebäcker, Malberger Straße 49, 46514 Schermbeck, Telefon 02853/2343, www.gasthof-pannebaecker.de
Café Lühlerheide, Marienthaler Straße 10, 46514 Schermbeck, Telefon 02856/291600, www.luehlerheim.de/cafe-luehlerheide
Im Pankok-Museum im Haus Esselt ist für die Zeit nach der Renovierung ab Mitte 2022 ein kleines Café geplant.

Übernachtung

Übernachten am Start

Hotel Restaurant Zur Linde, Mittelstraße 96, 46514 Schermbeck, Telefon 02853/91360, www.hotel-zur-linde-schermbeck.de
Hotel Restaurant Haus Mühlenbrock, Weseler Straße 24, 46514 Schermbeck, Telefon 02853/2480, www.haus-muehlenbrock.de
Hotel Restaurant Schermbecker Mitte, Mittelstraße 28, 46514 Schermbeck, Telefon 02853/2133, www.schermbecker-mitte.de

Übernachten am Weg

Gasthof Pannebäcker, Malberger Straße 49, 46514 Schermbeck, Telefon 02853/2343, www.gasthof-pannebaecker.de
Gasthof, Café und Pension Zum Fuchsbau, Üfter Weg 22, 46514 Schermbeck, Telefon 02853/4135, www.zum-fuchsbau.de
Hotel Voshövel, Am Voshövel 1, 46514 Schermbeck, Telefon 02856/91400, www.landhotel.de

Übernachten am Ziel

Direkt am Ziel befindet sich keine Übernachtungsmöglichkeit. Nächstes Hotel in 3,2 Kilometern Entfernung:
Hotel Haus Duden, Konrad-Duden-Straße 99, 46485 Wesel, Telefon 0281/96210, www.bmhotels.de/hotel-haus-duden
Weitere Hinweise unter www.wesel-tourismus.de

Etappe 3

- Startpunkt
- Zwischenziele
- Zielpunkt
- Parkplatz
- Gastronomie
- Übernachtung
- Kulturstätte
- Sehenswürdigkeit

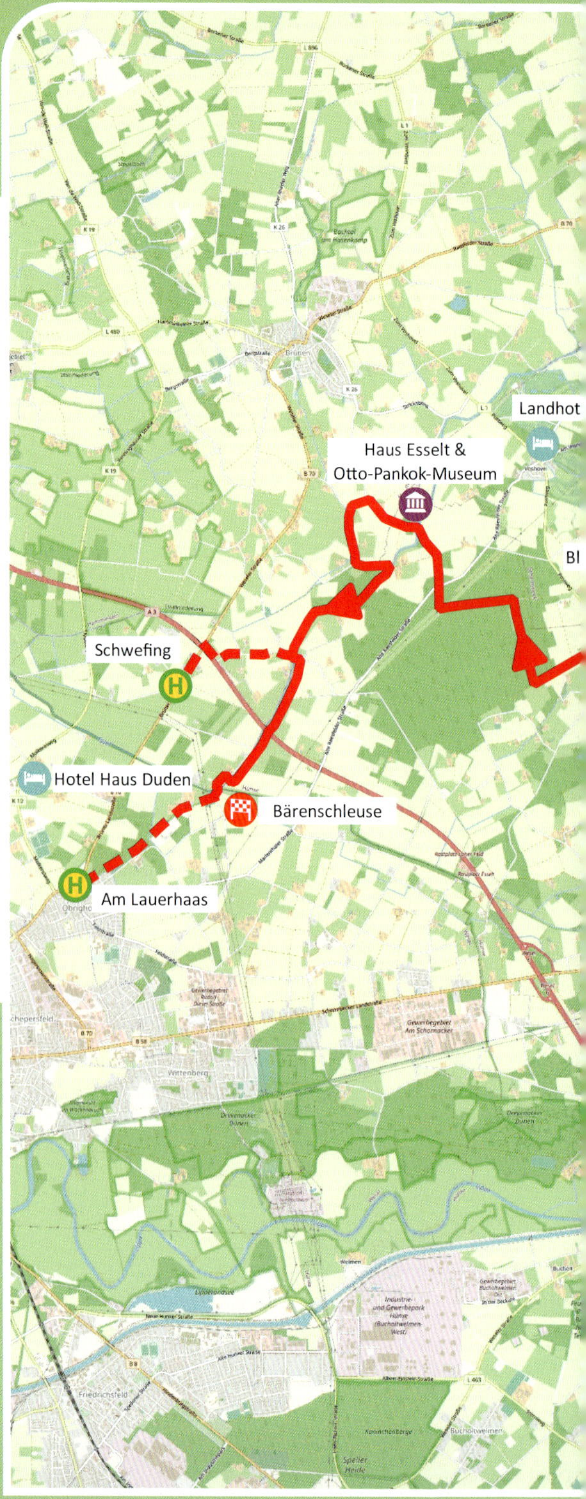

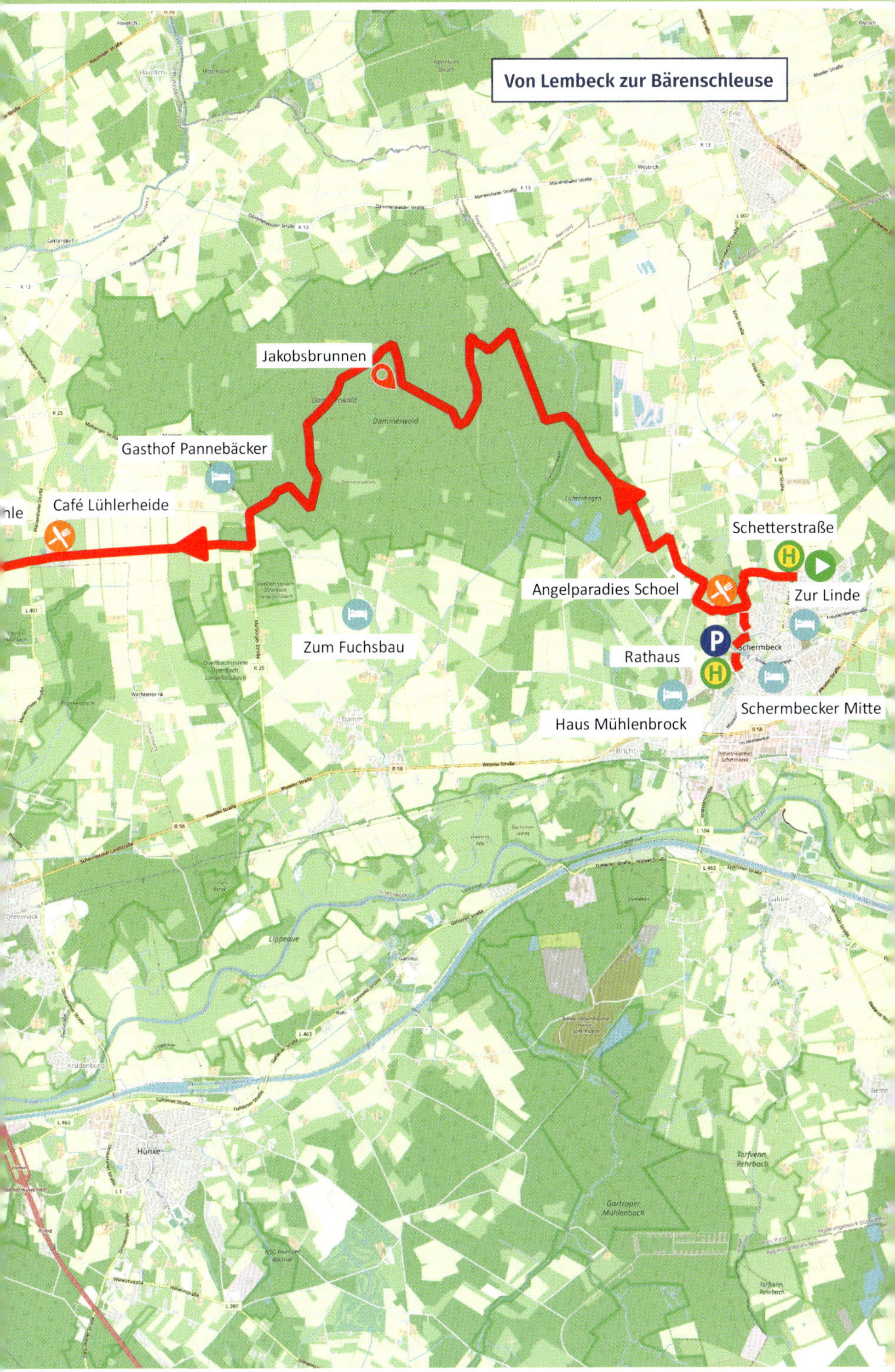
Von Lembeck zur Bärenschleuse
Jakobsbrunnen
Gasthof Pannebäcker
Café Lühlerheide
hle
Schetterstraße
Zur Linde
Angelparadies Schoel
Rathaus
Zum Fuchsbau
Haus Mühlenbrock
Schermbecker Mitte

An den Rhein!

in Wesel, um Wesel und um Wesel herum

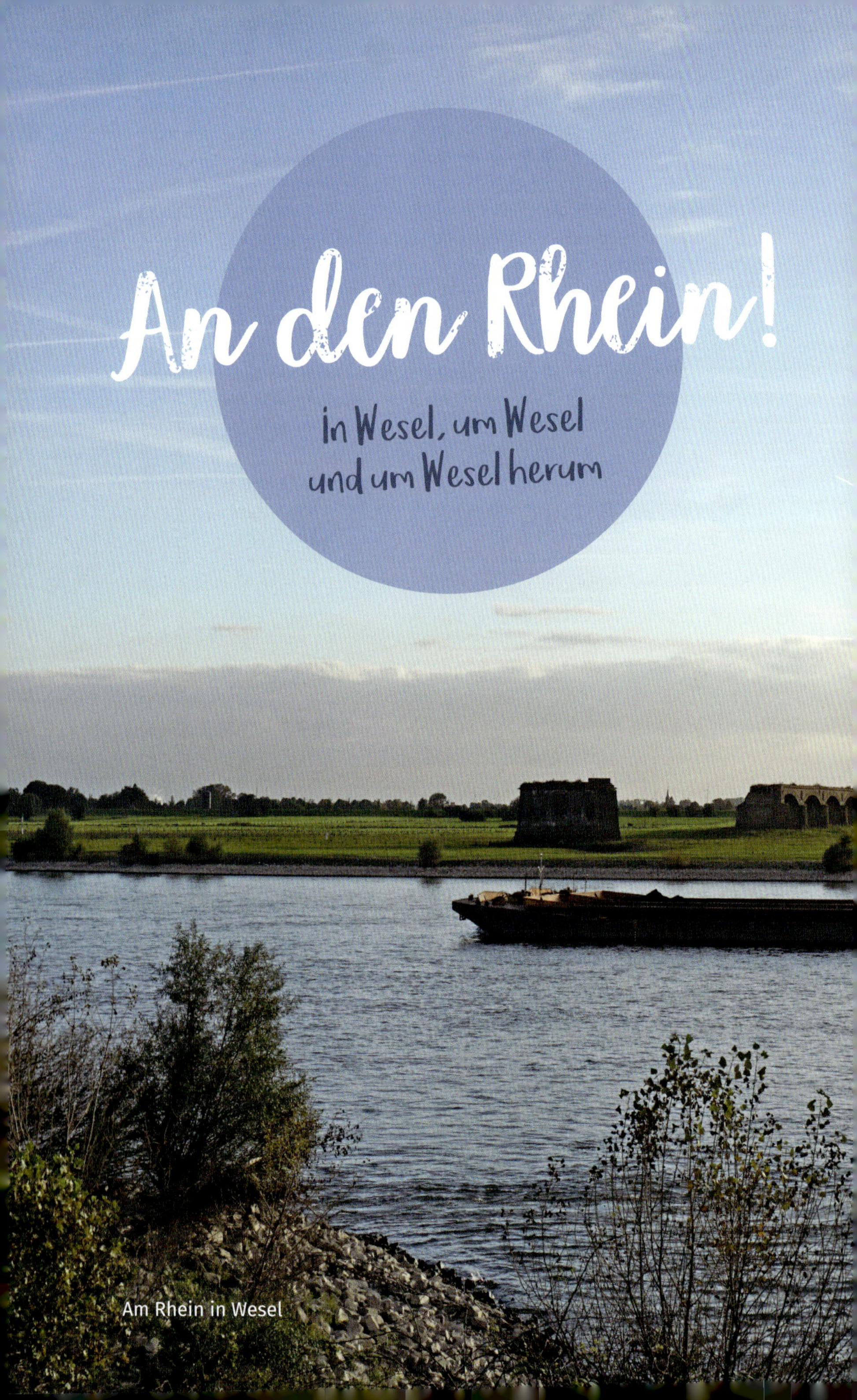

Am Rhein in Wesel

Zwischen die Bärenschleuse und den Rhein hat der Herrgott die Hansestadt Wesel gestellt. Auf 25 Kilometern erleben wir die ganze Schönheit der Region mit ihren Höhepunkten, dem Schwarzen Wasser, dem Diersfordter Wald und dem Auesee. Die Krönung der Etappe und des Hohe Mark Steiges wartet aber erst ganz am Ende auf uns: der Rhein. Nachdem wir auf der ganzen Strecke seit Haltern schon so oft über Sand gewandert sind, meinen wir, es hier schon riechen zu können, das Meer, dem sich der breite Strom unaufhaltsam nähert.

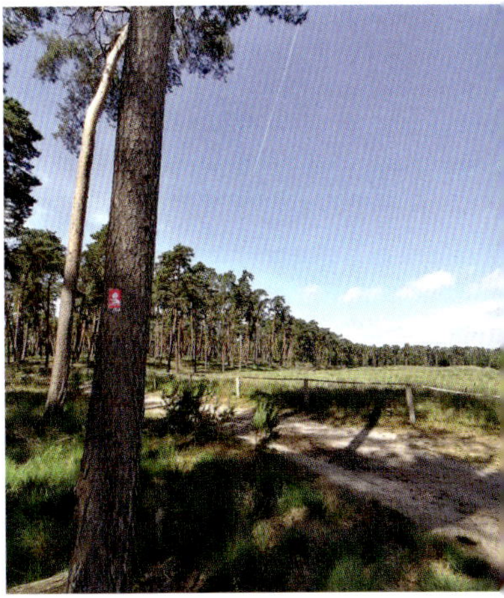

Im Diersfordter Wald

Etappe 4

6:30 Std.

26,8 km

Anreise mit ÖPNV: Die Bärenschleuse ist nicht direkt mit öffentlichen Verkehrsmitteln erreichbar. Von der Haltestelle Sorgfliet ist der Hohe Mark Steig an der Issel stadtauswärts in gut 600 Metern erreichbar.
Anreise mit dem Auto: Parkplatz Bärenschleuse, Pappelallee, 46485 Wesel, Koordinaten: 51°41‘03.0“N 6°40‘06.0“E
Abreise mit ÖPNV: Vom Rhein ist der Weseler Bahnhof auf der unten beschriebenen Route in zwei Kilometern zu erreichen.

Wegbeschreibung: Die letzte Etappe des Hohe Mark Steigs startet an der Bärenschleuse, auf dem schmalen Pfad der Issel weiter folgend. Über die zweite Brücke wechseln wir die Flussseite, ebenso wie an der nächsten, an der wir die Straße überqueren, jedoch direkt an der Issel bleiben. Erst an der vierten Brücke neben einem Hochspannungsmast verlassen wir den Fluss nach links. In die Straße „Zu den Vier Winden“ gehen wir links und „Am Wehagen“ rechts. Die nächste Abzweigung führt uns auf „Am Waymannshof“ nach rechts, bis links eine Bank neben jungen Obstbäumen steht. An diesen vorbei führt der Steig zwischen den Wiesen über den sogenannten „Naschweg“, an dessen Ende wir uns rechts und gleich links wenden.

Info

Kulturdenkmal Bärenschleuse

Die Bärenschleuse wurde im frühen 17. Jahrhundert an der Isselniederung errichtet mit dem Ziel, die Wasserversorgung der Festung Wesel zu regulieren. Wie? Über den Graben wurden die Stadtgräben geflutet. Mit Bären hat die Schleuse übrigens nichts zu tun – das Wort Bär kommt von Barriere und geht auf das alte Wort für Sperre zurück. Das Besondere: Die Schleuse ist immer noch betriebsfähig. Die Einheimischen kommen gerne hierher, um sich am entstandenen Biotop niederzulassen. Dieses hat sich zwischen der Schleuse und der Issel entwickelt: Eine Fischtreppe und das Wasser, das sich über die Steine ergießt, sind Heimat für viele Tiere und Pflanzen und ein Ort der Entspannung für Spaziergänger und Wanderer.

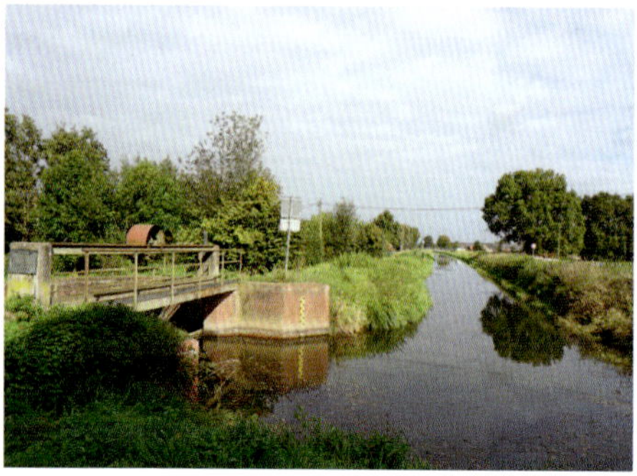

Etappenstart an der Bärenschleuse

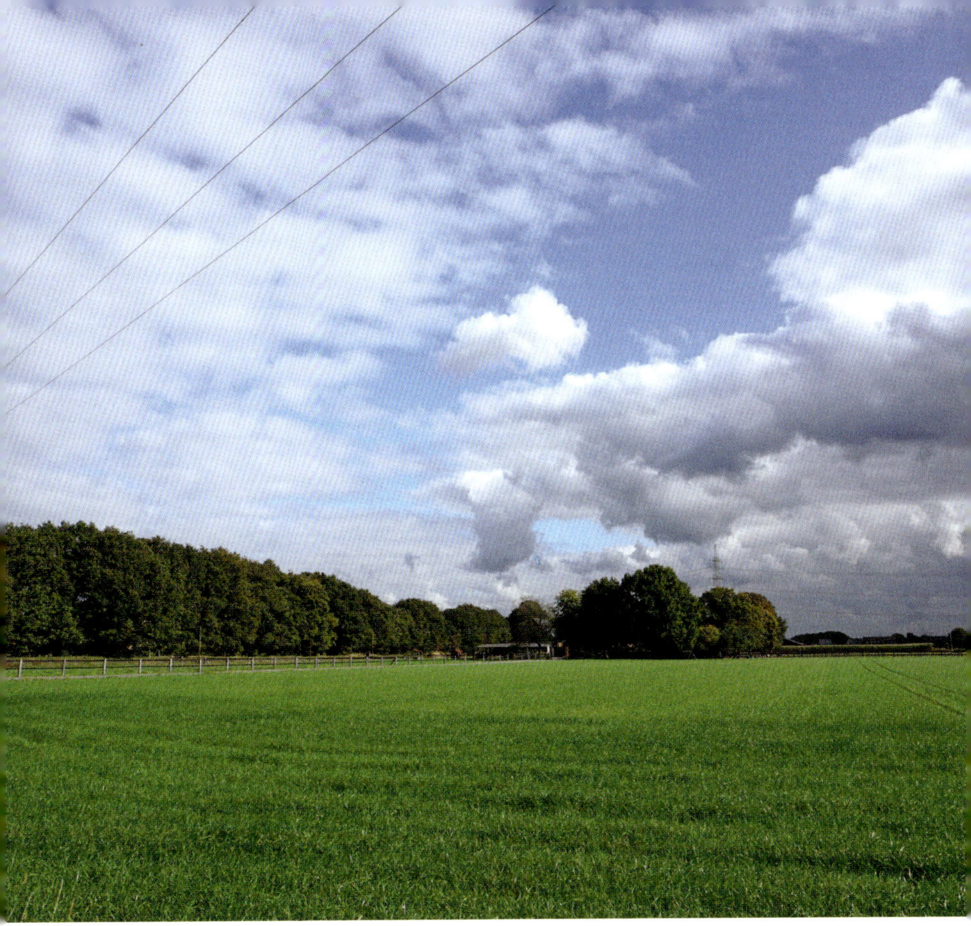

Blick von der Bärenschleuse

Jenseits der Bahnlinie führt die Route schräg rechts geradeaus weiter. Zum Bahnhof Blumenkamp sind es von hier aus 800 Meter.
Die Hamminkelner Landstraße leitet uns nach rechts bis zum Pelikanweg auf der linken Seite. Weiter geht es über den Albatrosweg und die Flamingostraße, bis vom Reiherweg ein schmaler Pfad geradeaus zur Bundesstraße hinaufführt. Dieser folgen wir ein Stück nach links über die Bahnlinie und wenden uns gleich dahinter wieder links. Unten scharf links abgebogen, wandern wir nun parallel zur Bahnlinie, halten uns also an dem umzäunten Gelände rechts und auch dahinter auf der Straße rechts, bis wir an einem Bahnübergang nach links abzweigen, um am Schwarzen Wasser wieder in den Wald einzutreten.

Info

Heideweiher „Schwarzes Wasser"

Das schon 1936 unter Naturschutz gestellte „Schwarze Wasser" ist das älteste Naturschutzgebiet Wesels. Es liegt landschaftlich reizvoll in einer Mulde, umgeben von bewaldeten Dünen. Die Mulde ist in der letzten Eiszeit entstanden: Der Wind formte die Binnendünen, in der Mitte bildete sich eine Mulde, deren Boden bis heute aus einer wasserundurchlässigen Lehmschicht besteht. Diese eiszeitliche Wanne wird immer noch ausschließlich von Regenwasser gespeist. Das in Nordrhein-Westfalen vom Aussterben bedrohte Froschkraut kann hier noch gedeihen.

Das Schwarze Wasser ist der einzige Heideweiher, der am unteren Rhein noch erhalten geblieben ist. Den Namen hat das mystische Gewässer von seiner braunschwarzen Färbung, die durch die Ausspülung der Huminstoffe aus dem Torf der Moorvegetation zustande kommt. Angrenzend an den großen Heideweiher befinden sich Übergangsmoore und Feuchtheiden. Diese Gewässer bieten ähnlich wie der Diersfordter Wald verschiedenen Amphibien wie dem Moorfrosch und dem Kammmolch Lebensraum. Hier brüten Krickenten und Zwergtaucher, und im Sommer zeigen sich die farbenprächtigen und zahlreichen Libellenarten.

Kontakt und Infos: Biologische Station im Kreis Wesel, www.bskw.de

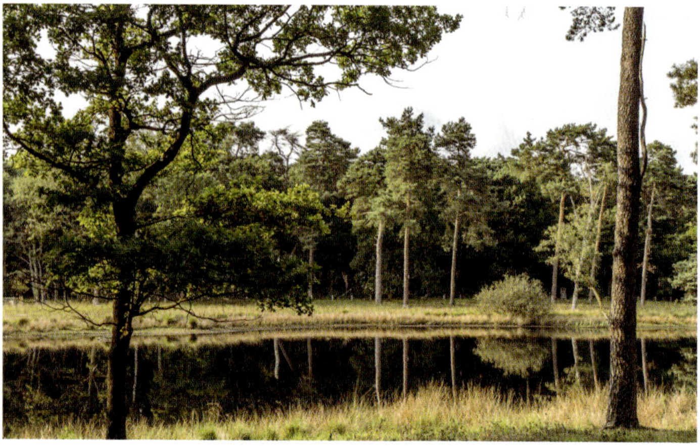

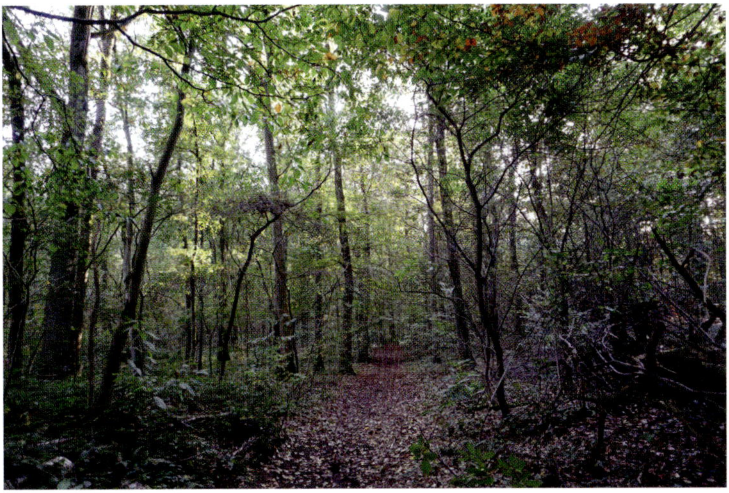

Im Wald am Schwarzen Wasser

Am Beginn des Naturschutzgebietes führt der Steig links durch die Dünenlandschaft. An der nächsten Gabelung halten wir uns nun rechts, um uns dem Wasser zu nähern, das wir von der Anhöhe schon sehen konnten.
Am Ende des Wassers führt der Steig nach links weiter und um die Trockenheide zweimal rechts und an der kleinen Aussichtsplattform vorbei. Wieder im Wald geht es am Querweg links bis zur Kreuzung. Von dort folgen wir dem Heuweg Richtung Diersfordter Wald. Um das eingezäunte Gelände müssen wir zunächst herumgehen, also an der Straße rechts und gleich links in den Wald und dann immer am Zaun entlang, bis zum Eingang auf der gegenüberliegenden Seite des Waldes. Durch das Tor gelangen wir in das Wildschutzgelände und wandern an der Gabelung links. Der Steig führt an „Stemkens Heide“ und über die Feuchtwiesen des „Großen Veens“ zurück in den Eichenwald und bis zu einem Querweg. Dort biegen wir links und vor der Beobachtungskanzel rechts ab. So wandern wir bis zum nächsten Querweg, der uns nach links durch die Schleuse im Zaun bringt. Dahinter biegen wir vor der Hundeschule rechts ab, überqueren an der Gaststätte „Am Jäger“ die Straße und wandern durch eine Allee aus Linden bis zu einer breiten Straße.

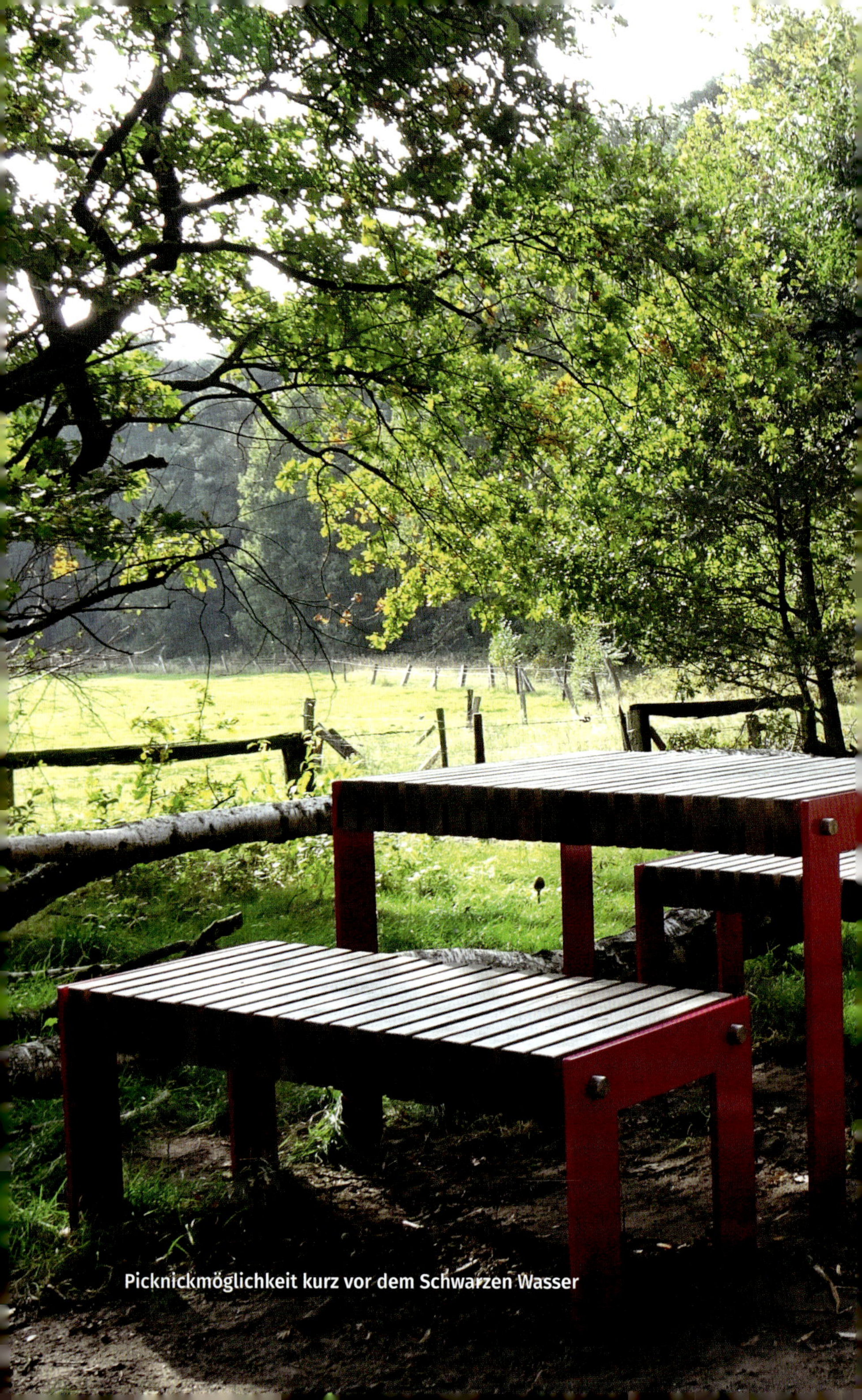

Picknickmöglichkeit kurz vor dem Schwarzen Wasser

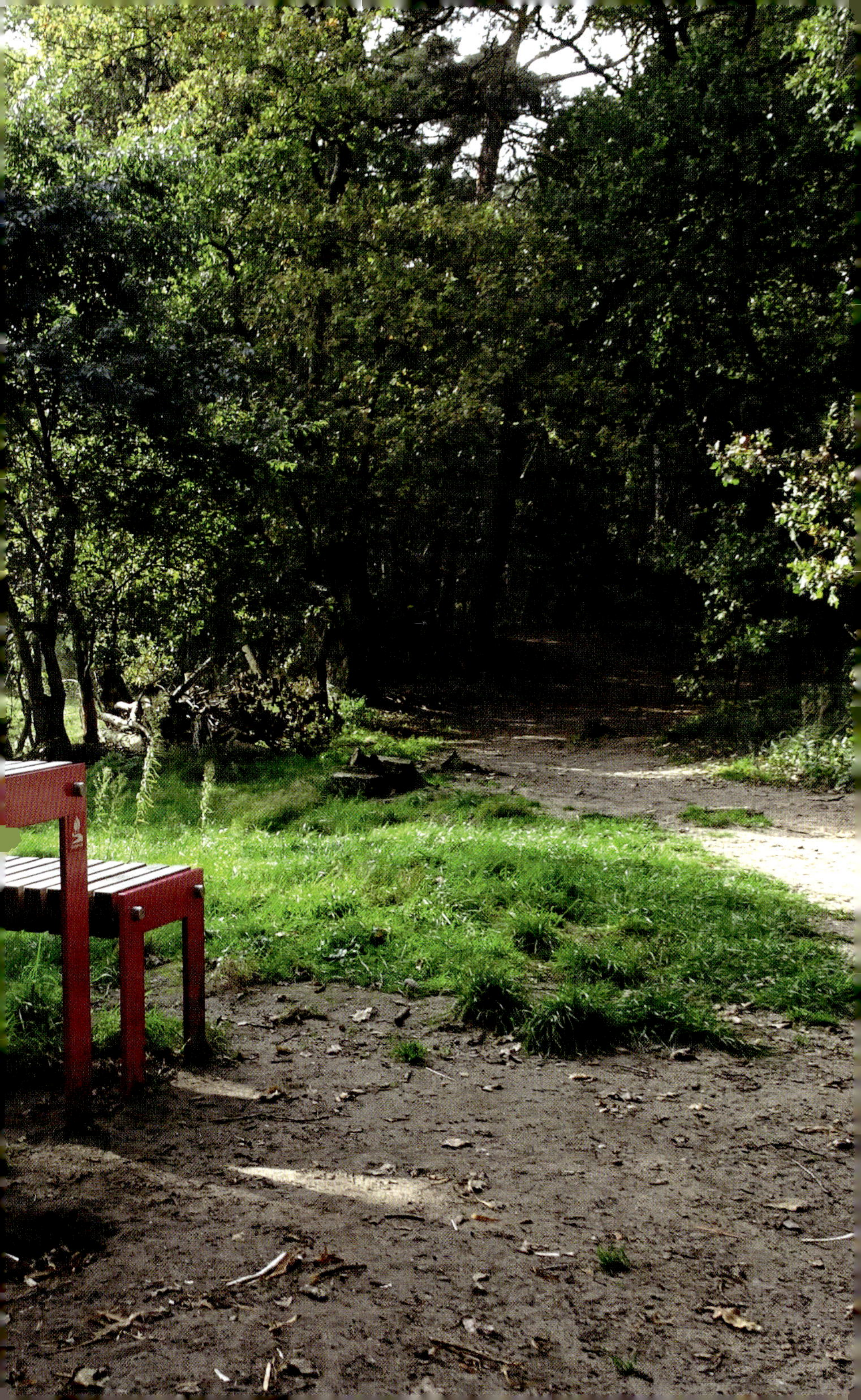

Am Weg

Diersfordter Wald

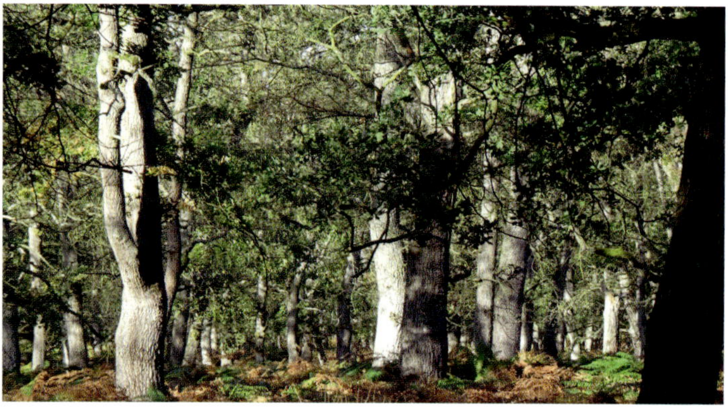

Die nährstoffarmen, kargen und sandigen Böden des Diersfordter Waldes entstanden durch eiszeitliche Ablagerungen. Diese Flächen sind nicht für viele Baumarten geeignet und so dominiert die anspruchslose Stieleiche – auch Sommereiche oder Deutsche Eiche genannt – knapp die Hälfte der Waldfläche. Das Eichenholz ist besonders zäh, dauerhaft und trotzdem gut zu bearbeiten und wird deshalb nicht nur für Möbel und Bodenbeläge, sondern auch gerne als Bauholz verwendet.

In vielen Teilen befinden sich heute mächtige Eichen und Altbuchen. Sie zeugen davon, dass der Wald auch als Futterquelle für Nutztiere wichtig war: So wurden Schweine in den Wald getrieben, um sich mit den Früchten der Bäume, den Eicheln und Bucheckern zu nähren. Diese Bäume standen weit auseinander, damit sie breiter ausschlagen konnten, und boten den Tieren so nicht nur Nahrung, sondern auch Schatten.

Die vielen alten und morschen Bäume bieten Spechten und Fledermäusen Heimat. Und auch ein besonderer Hirsch ist zu finden, nämlich der „Fliegende Hirsch“: In dem größten zusammenhängenden bodensauren Eichenwald lebt die größte Population von Hirschkäfern Nordrhein-Westfalens.

Die weiten Kiefernbestände zu guter Letzt erzählen von der übermäßigen Aufforstung der Wälder, um den enormen Holzbedarf früherer Zeiten zu decken.

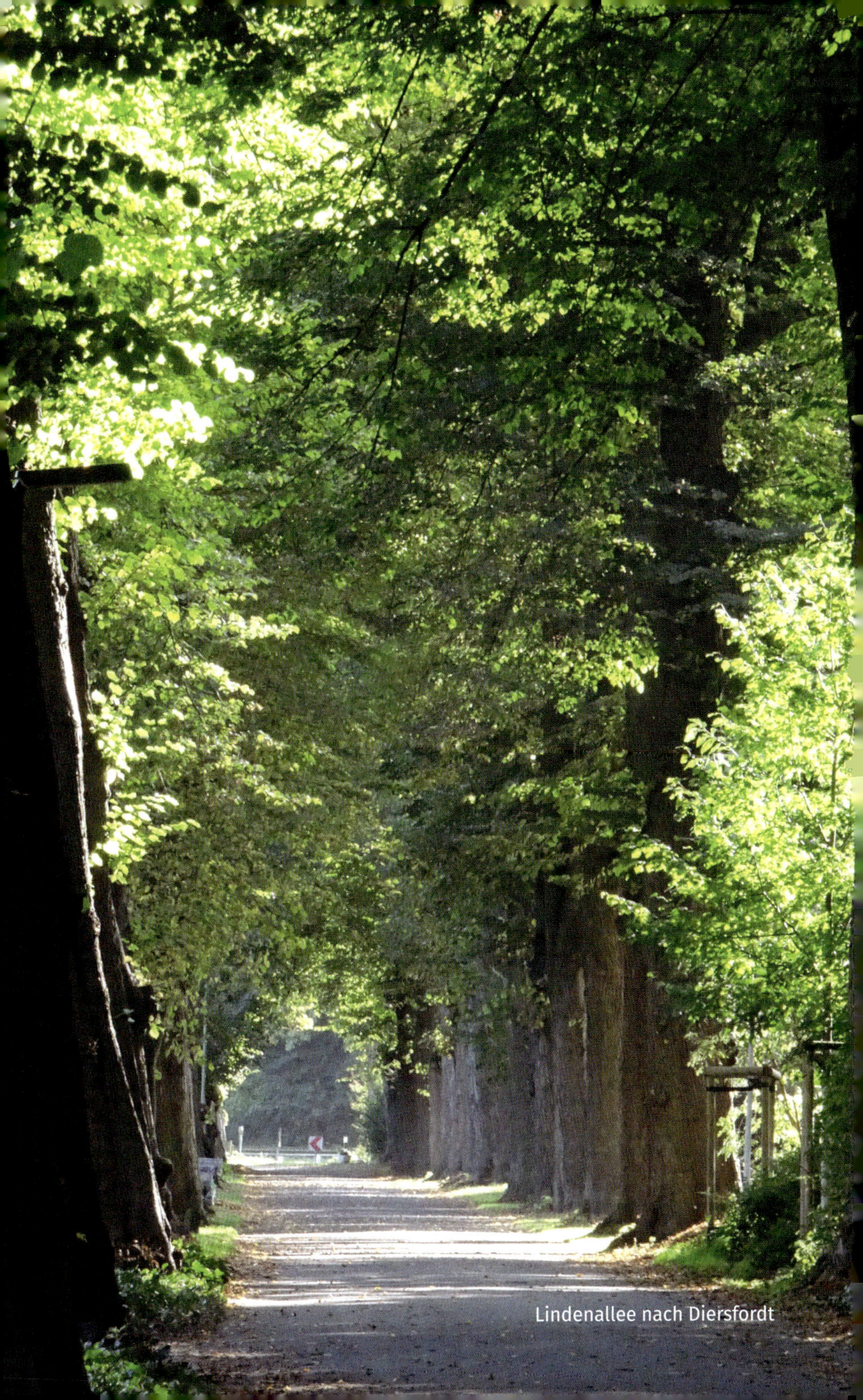

Lindenallee nach Diersfordt

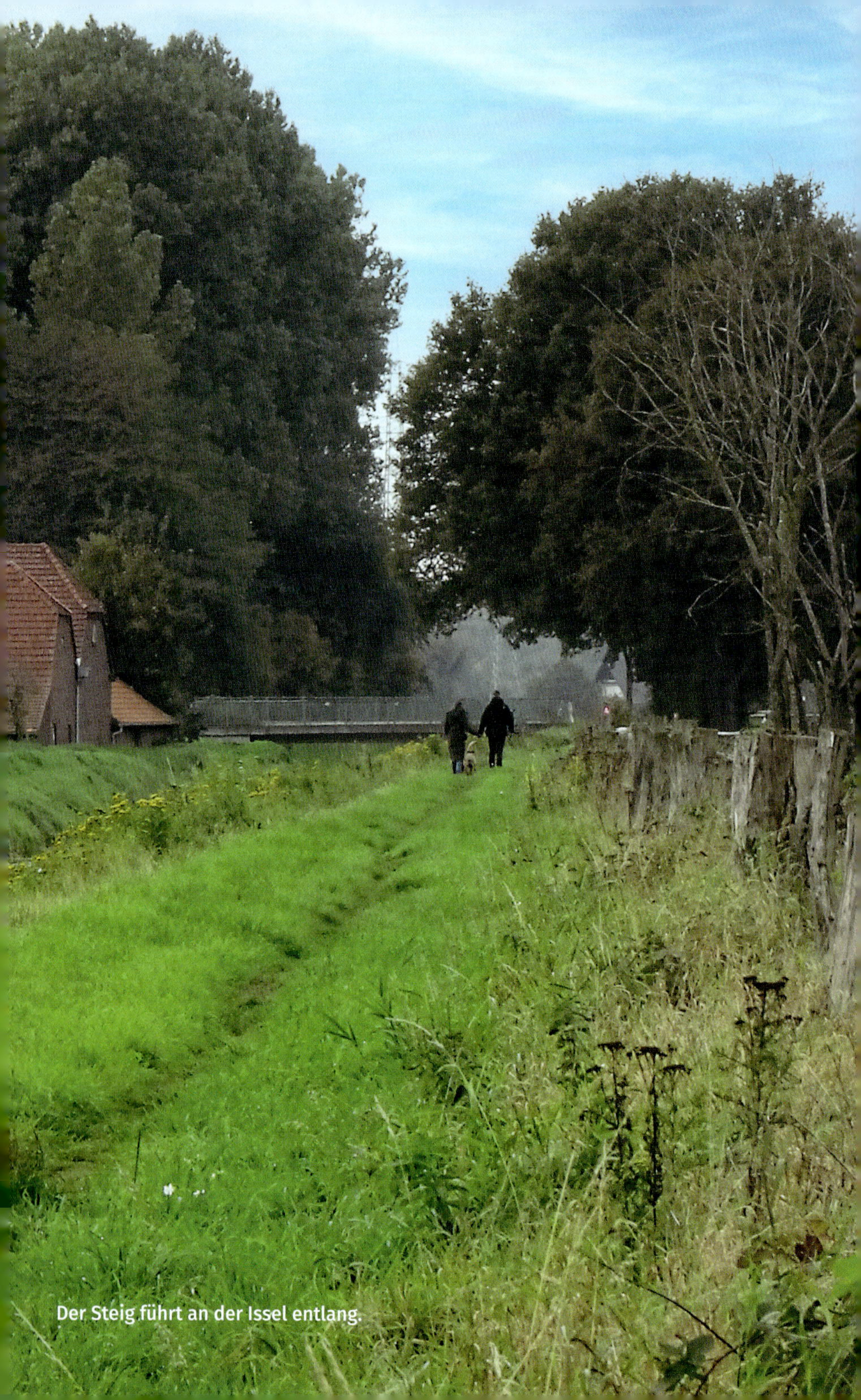

Der Steig führt an der Issel entlang.

Am Weg

Stemkens Heide im Diersfordter Wald

Im Norden des Diersfordter Waldes fühlen sich Zauneidechse und Heidelerche besonders wohl. Es ist das Gebiet der Stemkens Heide mit ihren Binnendünen, dem Sandtrockenrasen und den Sandheiden. Und wieder sind es die Schlossherren von Diersfordt, die uns hier begegnen, da sie der Natur ihren Stempel aufgedrückt haben: Sie ließen 1850 ein Wildgatter für ihre Jagd errichten. Darin eingeschlossen: Wildschweine, Rothirsche, Damhirsche und Mufflons. Eine leichte Jagd für die damaligen Damen und Herren und für uns heute die Möglichkeit, diese Wildtiere aus der Ferne zu beobachten. Durch Wildschleusen kommen Wanderinnen und Wanderer in das Wildgatter.

Moorlandschaft „Großes Veen"

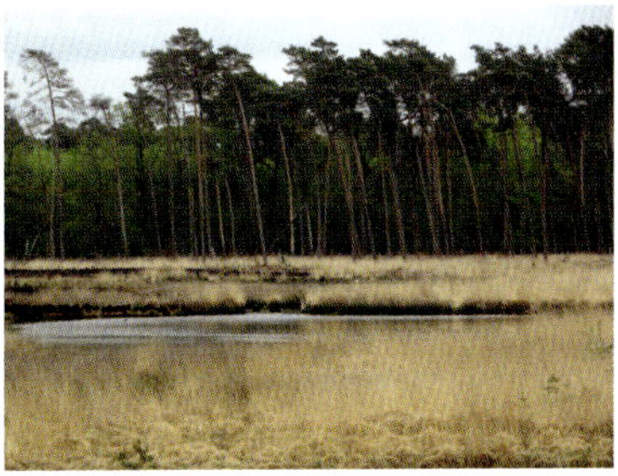

Die Natura 2000-Projekte wurden 1992 von der Europäischen Union ins Leben gerufen, um den Erhalt wildlebender Pflanzen- und Tierarten und ihrer natürlichen Lebensräume zu gewährleisten. Das Große Veen ist mit einer Größe von 90 Hektar das kleinste der drei „Natura 2000-Gebiete" im Diersfordter Wald. Der Begriff „Veen" bezeichnet einen moorig-sumpfigen Lebensraum, der aus offenen Dünen, Mooren, Kiefern- und Eichenwäldern besteht.

Stehende Gewässer machen 20 Prozent des Gebietes aus. Was es hier alles zu entdecken gibt? Zahlreiche seltene Libellenarten wie die Speer- und die Mond-Azurjungfer, die drei Moosjungfer-Arten Große, Kleine und Nördliche Moosjungfer. Den Moorfrosch und die Ringelnatter, die sich um das Ufer schlängelt, um Amphibien zu erbeuten. Das rote Torfmoos, der Sonnentau, das Wollgras und die Rosmarinheide sind einige pflanzliche Attraktionen.

Variante

Wer das Diersfordter Schloss besuchen will, biegt hinter der Lindenallee rechts ab.

Info

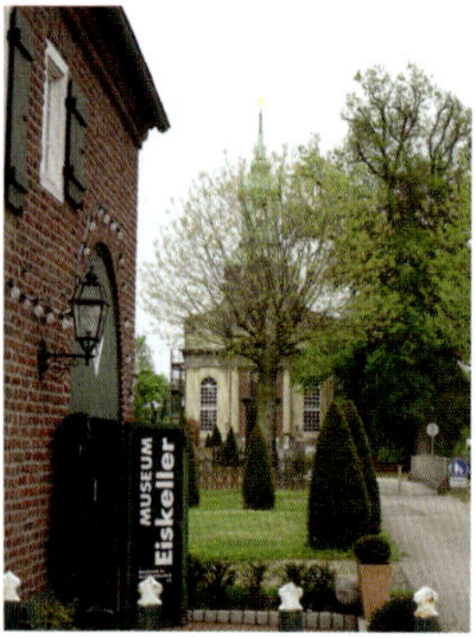

Wasserschloss Diersfordt

Es hat viel erlebt, dieses Wasserschloss, dessen Grundmauern schon 700 Jahre alt sind, gebaut an einer inzwischen ausgetrockneten Rheinschlinge. Von der einstigen mittelalterlichen Vorburg sind heute nur noch Kornspeicher, Stallgebäude und Reste des Wehrgangs erhalten. Besitzer der dreitürmigen Wohnburg waren die Herren von Wylich, die Grafen von der Mark und die Herzöge von Kleve. In mehreren Kriegen und Kämpfen immer wieder zerstört, auf- und umgebaut, erhielt das Schloss um 1780 ein spätbarockes Gesicht. Aber auch dieses verlor es bei einem Brand 1929. Große Teile wurden zerstört und 1931 in reduzierter Form von Graf Bolko Stolberg-Wernigerode wieder aufgebaut. Aber schon bald darauf wurden das Schloss und seine spätbarocke Kirche im Zweiten Weltkrieg wieder Ziel von Angriffen und Zerstörung. Von den Briten beschlagnahmt, wurde Schloss Diersfordt provisorisch saniert und dem britischen Militärkommandanten zur Verfügung gestellt. Schließlich wurde das Anwesen von Graf Stolberg-Wernigerode 1996 an die Familie Beichert verkauft. Diese wohnt heute in dem ehrwürdigen Anwesen und betreibt ein Hotel mit besonderem Augenmerk auf Tagungen und Hochzeiten. Im Torhaus befindet sich das Museum „Eiskeller" des Heimatvereins Diersfordt mit Wechsel- und Dauerausstellung. Hier werden neben der Geschichte des Schlosses ein eiszeitliches Gräberfeld und Tiere und Pflanzen der Region vorgestellt.

Graf von Merveldt'sche Rentei, Schloss 2, 46286 Dorsten (Lembeck), Telefon 02369/7167

Am Weg

Auesee Wesel

Der Auesee in Wesel ist einerseits Naturschutzgebiet mit vielen verschiedenen Wassertieren wie Flussbarschen, Rotfedern und Hechten sowie Muscheln und Krebsen und andererseits ein Freizeitmagnet, an dem man tauchen, segeln und surfen kann. Ein schönes Strandbad mit groß angelegter Liegewiese und Beachvolleyballplätzen lädt zum Baden ein. Entstanden ist der See mit einer Tiefe von fast 18 Metern in den 1980er-Jahren durch Kiesaushebung in den Rheinwiesen, und er gehört heute zu den saubersten Seen in Nordrhein-Westfalen. Seine Wasserqualität wird ständig kontrolliert, und so fügt sich der Baggersee wunderbar harmonisch in die Auelandschaft und bietet auf den Vogelschutzinseln den Wasservögeln ungestörte Brut- und Lebensräume. Der Zugang zum Auesee ist grundsätzlich kostenlos. Hunde sind im Strandbad nicht erlaubt.

Informationen zum Auesee: Telefon 0281/27229

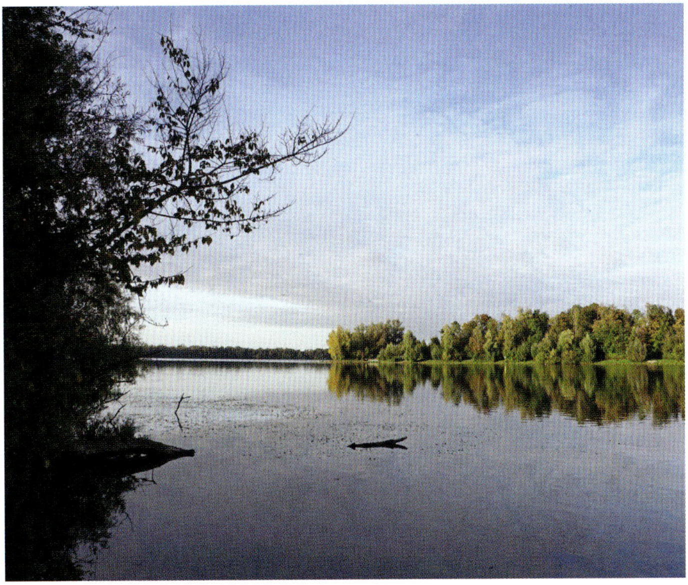

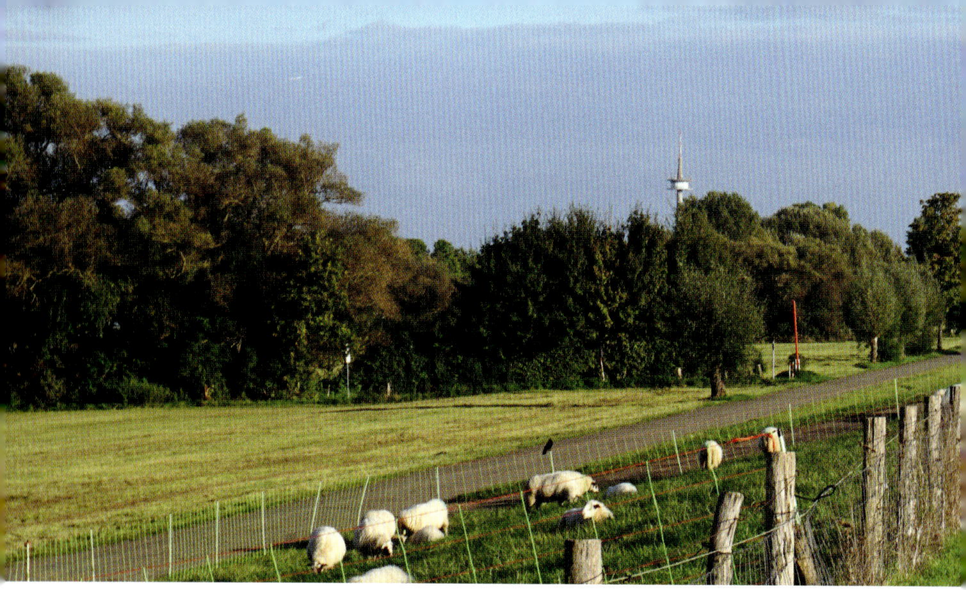

Gegenüber wenden wir uns vor dem Kriegerdenkmal nach rechts. Die kleine Straße führt uns jenseits des Querwegs auf einem Waldweg zu einer Kreuzung, an der wir nach links wandern, eine weitere Kreuzung überqueren, und dahinter – noch bevor wir aus dem Wald treten würden – biegen wir rechts ab. Im dichten Wald nehmen wir an der T-Kreuzung den Weg nach links. Das Gelände ist nun ein bisschen wellig, und vor einer kleinen Erhebung wenden wir uns an der Gabelung wieder links. Die kleine Straße bringt uns schließlich nach rechts bis zum Rhein. Auf der Deichstraße wenden wir uns nach links, überqueren gegenüber dem Campingplatz die Straße und wandern auf dem Rheindeich Richtung Wesel.
Bei erster Gelegenheit verlässt der Steig den Deich jedoch und führt links hinunter bis zum Fußweg am Auesee. Vor dem Strandbad führt der Weg nach rechts. Die Markierungen der Hauptroute enden dort vor dem Deich. Unser Ziel ist jedoch der Rhein, und so gehen wir geradeaus, queren den Deich und wandern bis zur Rheinpromenade.

Zum Bahnhof:
Hinter dem historischen Brückenkopf wenden wir uns auf der Fischertorstraße stadteinwärts, biegen am Willibrordi-Dom nach links in die Fußgängerzone ab und lassen uns von ihr bis zum Berliner Tor und dahinter bis zum Bahnhof leiten.

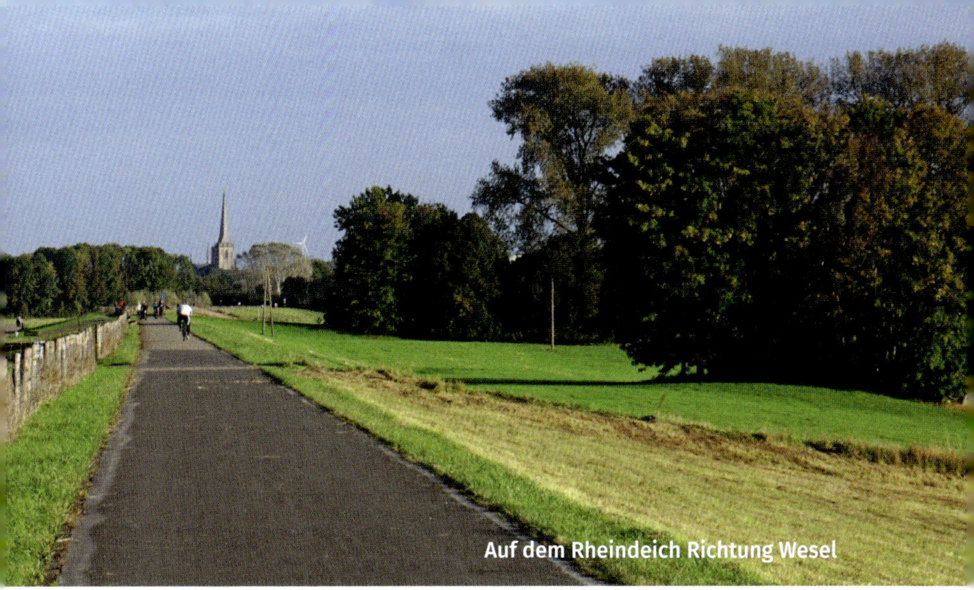

Auf dem Rheindeich Richtung Wesel

Gastronomie

Waldhotel Tannenhäuschen, Am Tannenhäuschen 7, 46487 Wesel, Telefon 0281/96690, www.tannenhaeuschen.de

Am Jäger, Am Jäger 1, 46487 Wesel-Diersfordt, Telefon 02859/9098686, www.restaurant-amjäger.de

Zum Bootshaus, Am Yachthafen 7, 46487 Wesel, Telefon 0281/40540549

Café am Hafen, Am Yachthafen 3, 46487 Wesel, Telefon 0281/27204, www.weseler-kanu-club.de/wir-ueber-uns/clubgaststaette/

Zum Yachthafen, Am Yachthafen 1, 46487 Wesel, Telefon 0281/23922, www.facebook.com/restaurant.zum.yachthafen.wesel/

Biergarten Rheinpromenade, Rheinpromenade 12, 46487 Wesel, Telefon 0281/30026955

Plückers Q-Stall, Rheinpromenade 10, 46487 Wesel, Telefon 0281/3000-0, www.welcome-hotels.com/hotels/wesel/gastronomie/q-stall

Restaurant Deichgraf, Rheinpromenade 10, 46487 Wesel, Telefon 0281/3000-0, www.welcome-hotels.com/hotels/wesel/gastronomie

Diverse in der Weseler Innenstadt

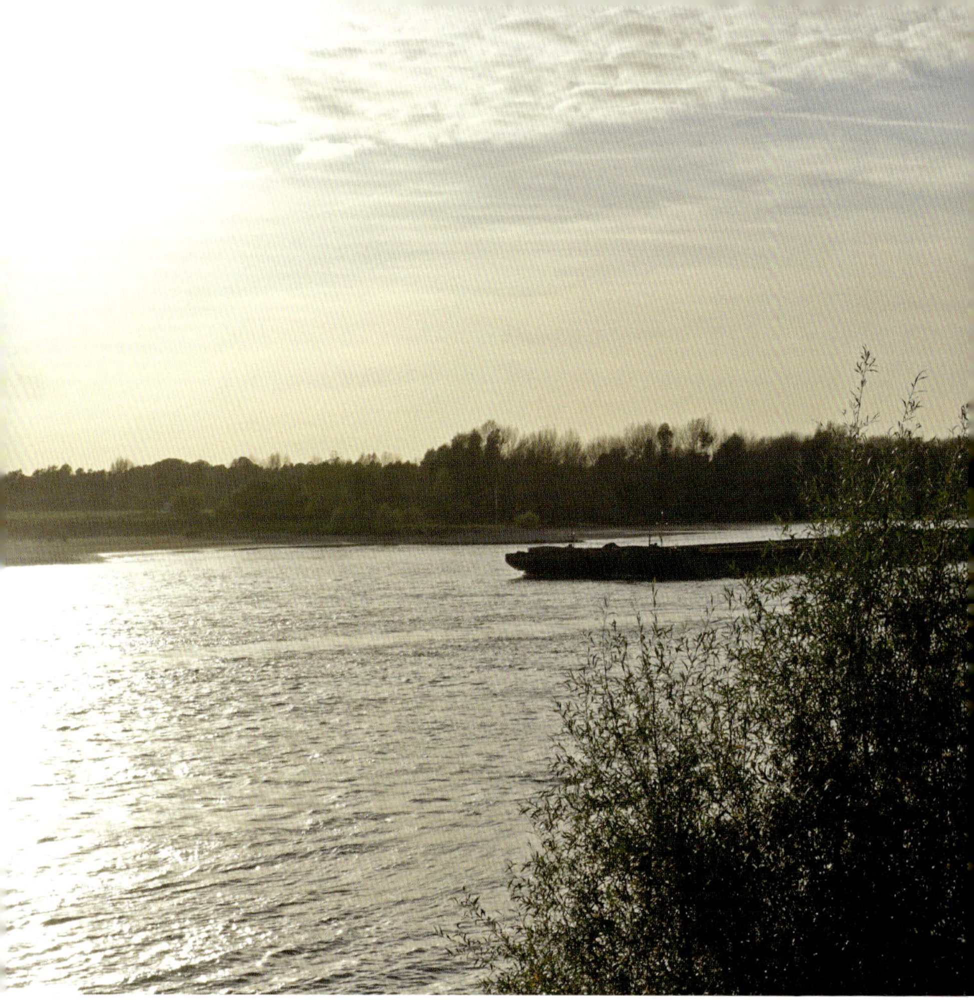

Übernachtung

Übernachten am Start

Hotel Haus Duden, Konrad-Duden-Straße 99, 46485 Wesel, Telefon 0281/96210, www.bmhotels.de/hotel-haus-duden

Übernachten am Weg

Waldhotel Tannenhäuschen, Am Tannenhäuschen 7, 46487 Wesel, Telefon 0281/96690, www.tannenhaeuschen.de

Am Jäger, Am Jäger 1, 46487 Wesel-Diersfordt, Telefon 02859/9098686, www.restaurant-amjäger.de

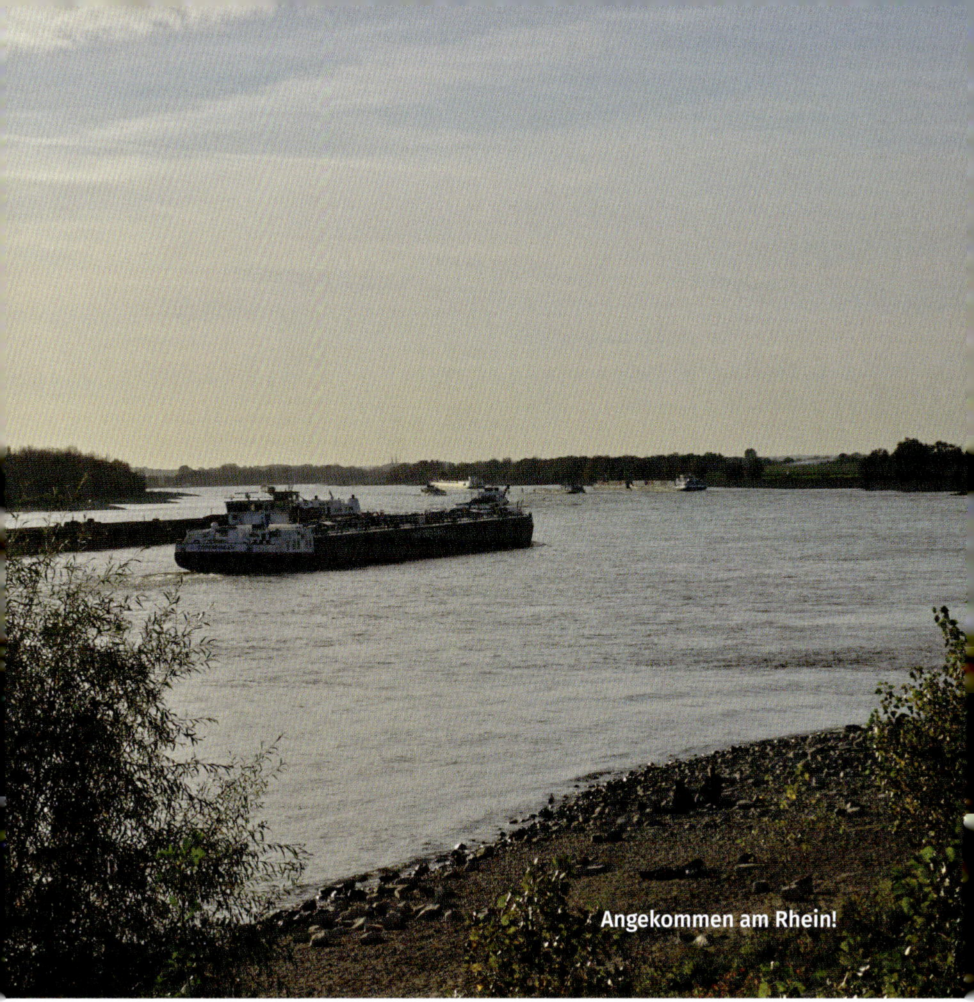

Angekommen am Rhein!

Übernachten am Ziel

Welcome Hotel Wesel, Rheinpromenade 10, 46487 Wesel, Telefon 0281/3000-0, www.welcome-hotels.com/hotels/wesel

Hotel Zur Aue, Reeser Landstraße 14, 46483 Wesel, Telefon 0281/21000, www.hotel-zur-aue.de

Hotel Restaurant Kaiserhof, Kaiserring 1, 46483 Wesel, Telefon 0281/33932-0, www.hotelkaiserhof.de

Weitere Unterkünfte unter www.wesel-tourismus.de/mark/themen/rubrik-unterkuenfte/

Etappe 4

- Startpunkt
- Zwischenziele
- Zielpunkt
- Parkplatz
- Gastronomie
- Übernachtung
- Sehenswürdigkeit
- Aussichtspunkt
- Naturerlebnis

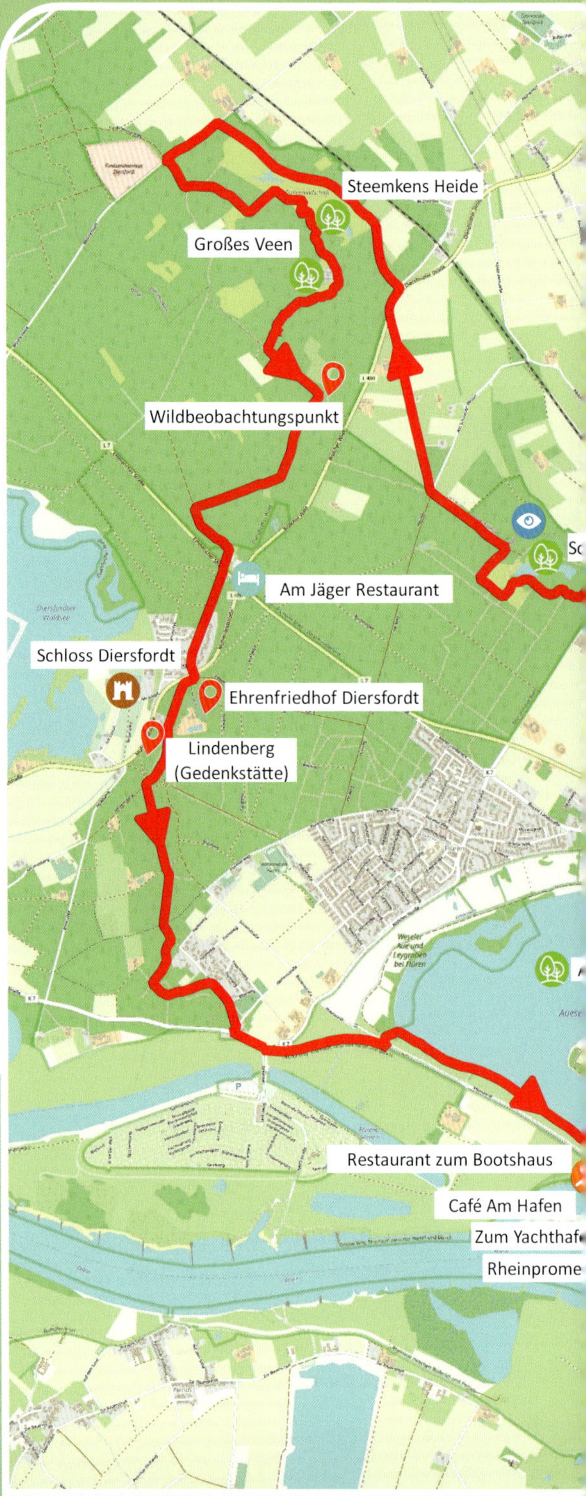

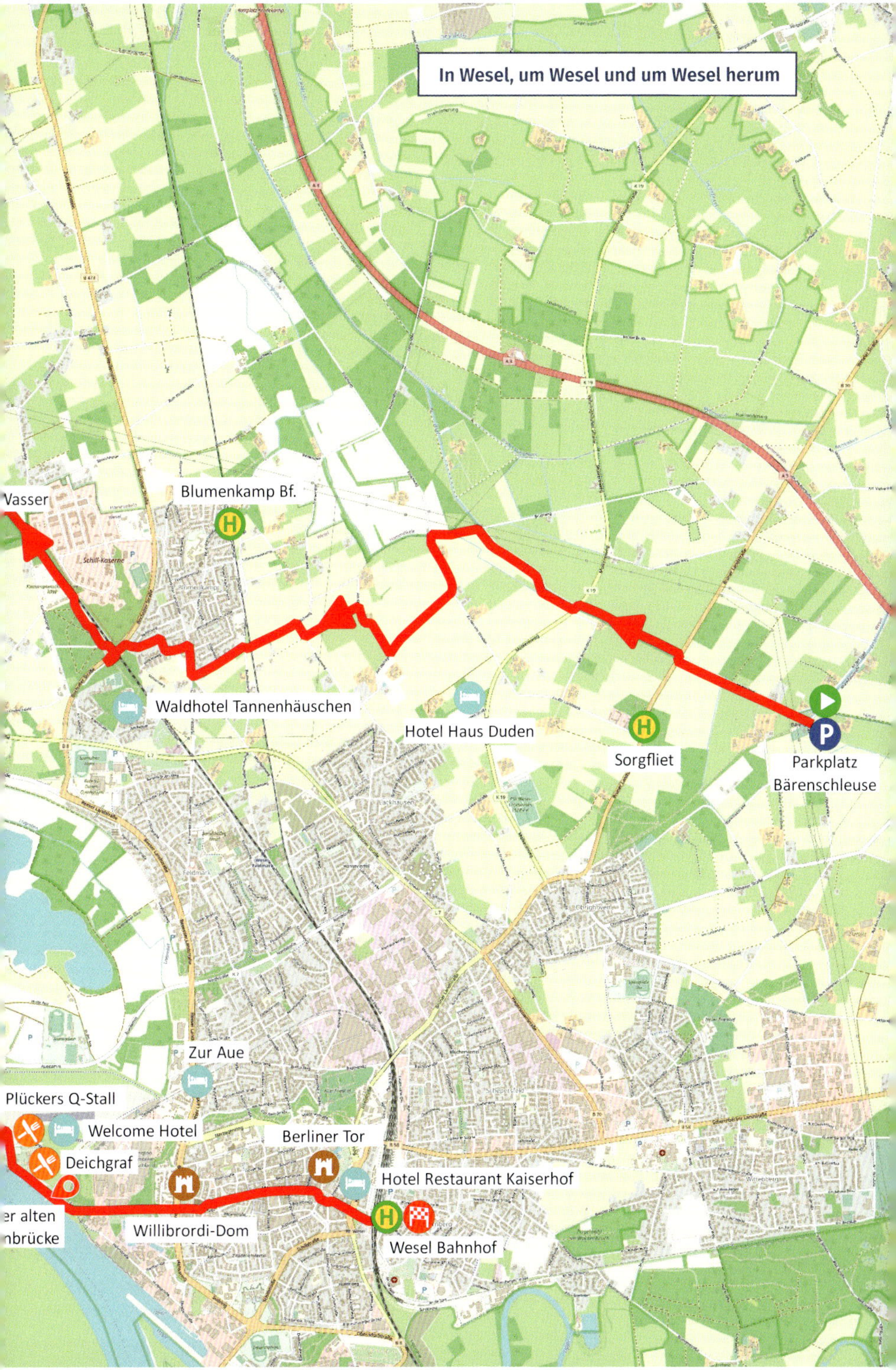
In Wesel, um Wesel und um Wesel herum
Vasser
Blumenkamp Bf.
Waldhotel Tannenhäuschen
Hotel Haus Duden
Sorgfliet
Parkplatz
Bärenschleuse
Zur Aue
Plückers Q-Stall
Welcome Hotel
Deichgraf
Berliner Tor
Hotel Restaurant Kaiserhof
er alten
nbrücke
Willibrordi-Dom
Wesel Bahnhof

Durch Deutschlands kleinstes Mittelgebirge

Von Haltern über die Haard nach Oer-Erkenschwick

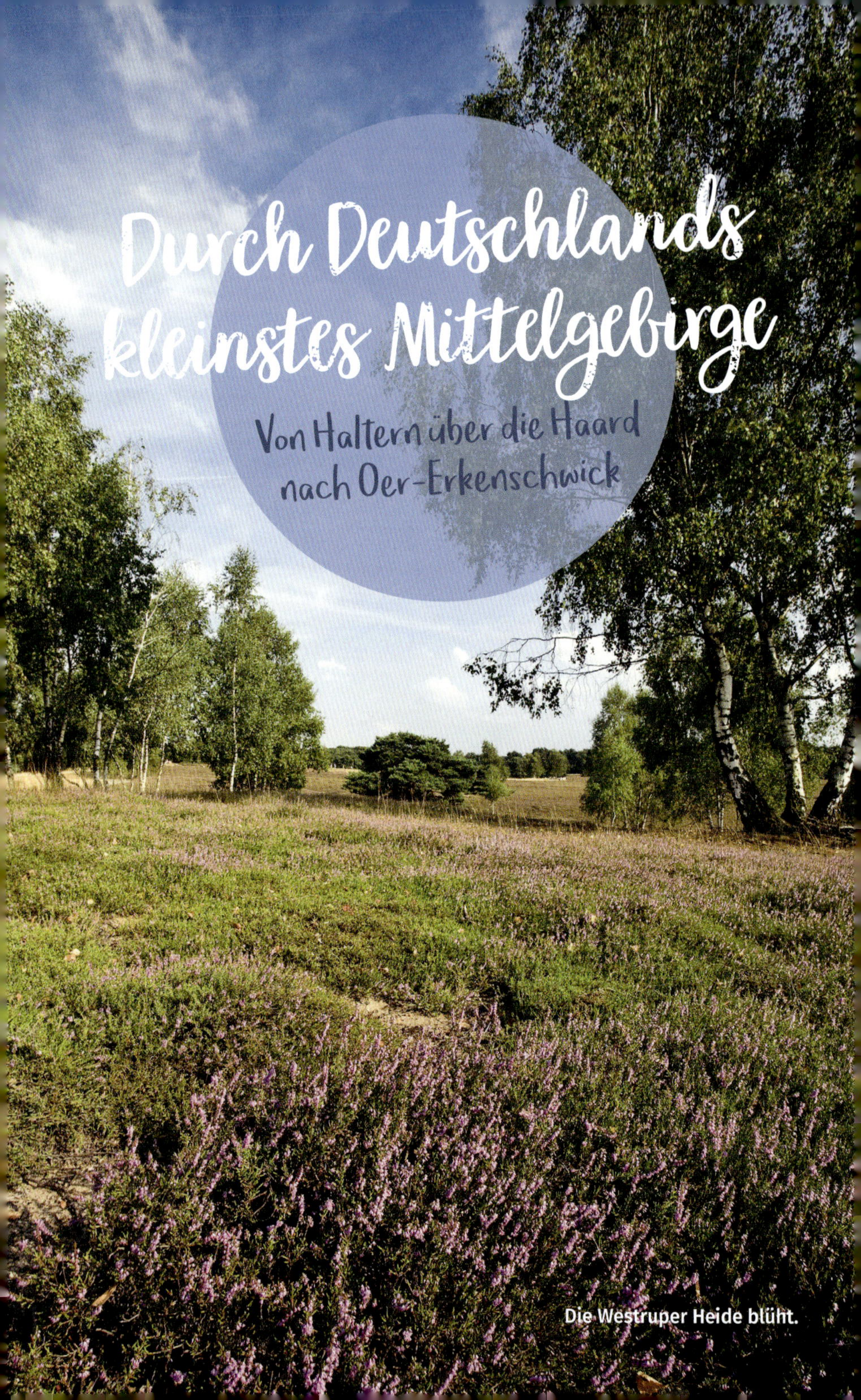

Die Westruper Heide blüht.

Ein Höhepunkt folgt auf den anderen auf diesem Weg in die Haard: Die Stever geleitet uns zum Halterner See, die Westruper Heide wartet mit ihren wacholderbewachsenen Sandhügeln auf uns, die Lippe überqueren wir dank unserer Armkraft und erreichen so die romanische Kirche in Flaesheim. Danach wandern wir 14 Kilometer durch das kleinste Mittelgebirge Deutschlands. Aber die Attraktionen reißen auch hier nicht ab – und damit ist nicht nur die wunderbare Wald-Natur gemeint: der Holzkohlenmeiler, der Feuerwachturm auf dem Rennberg, der außergewöhnliche Eichenwald am Schwarzen Berg und das kleine Biotop am Brinksknapp. Natur und Kultur, Pflanzen und Tiere, Wasser und Wald – alles verdichtet in einer Etappe.

Etappe 5

6:00 Std.

22 km

Anreise: Mit dem Auto oder dem Zug bis zum Bahnhof Haltern am See. Parkmöglichkeiten sind reichlich vorhanden.
Abreise mit ÖPNV: Von der Bushaltestelle Maritimo verkehren regelmäßig Busse Richtung Recklinghausen Hauptbahnhof (Linie 231). Von dort fahren Züge nach Haltern zurück.
Abkürzungsmöglichkeit: 2 Kilometer bzw. etwa 30 Minuten (siehe Variante)

Wegbeschreibung: Diese Etappe beginnen wir auf dem Halterner Marktplatz, von wo der Weg Richtung Oer-Erkenschwick ausgeschildert ist. Er führt uns über die Lipp-Straße und jenseits der Kreuzung auf dem Fußweg an der Hullerner Straße durch eine Unterführung. Dahinter wenden wir uns am Parkplatz nach rechts. Auf dessen anderer Seite führt ein kleiner Tunnel unter der Straße hindurch auf einen Querweg, in den wir nach rechts abbiegen.
Ein kurzes Stück wandern wir parallel zur Straße, um dann zunächst links und am Beginn des Naturschutzgebietes gleich rechts auf den

Info

Haltern am See

Bei Wander- und Wasserbegeisterten gleichermaßen beliebt, heißt die mittelalterliche Stadt Haltern ihre Gäste willkommen. Historische Gebäude wie das alte Rathaus oder der Siebenteufelsturm, die beide aus dem 16. Jahrhundert stammen, locken in die Innenstadt. Damals war Haltern noch von einer Stadtmauer umgeben und hatte eine wichtige Stellung für die Region zwischen dem Fürstbistum Münster und dem Kurfürstentum Köln inne. Der historische Kirchplatz, der Gänsemarkt, kleine Geschäfte, nette Cafés, Kneipen und Restaurants geben Haltern eine heimelige Atmosphäre.

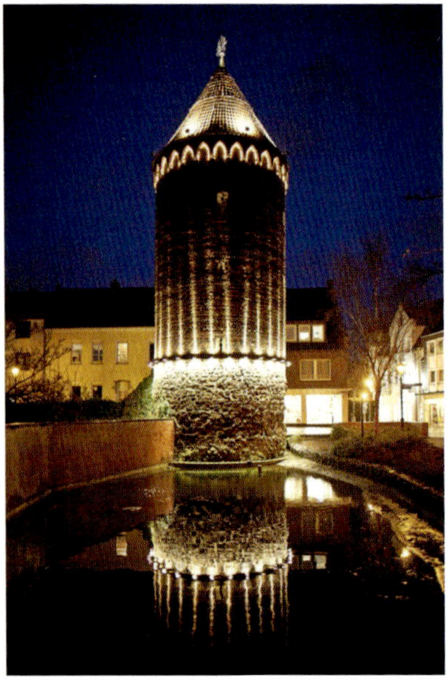

Der Siebenteufelsturm

Am Weg

Stever

Sie entspringt in den münsterländischen Baumbergen unweit der Bauernschaft Stevern und schlängelt sich durchs Münsterland. Dabei fließt sie größtenteils in einem ausgebauten Bachbett – zu oft war sie Grund von Überschwemmungen. Doch das künstliche Flussbett verminderte die Wasserqualität, die inzwischen aber wieder im guten Bereich liegt. Viele Sehenswürdigkeiten liegen auf ihrem Weg, bis sie den Hullerner und Halterner Stausee speist, um bald nach der Staumauer in die Lippe zu münden.

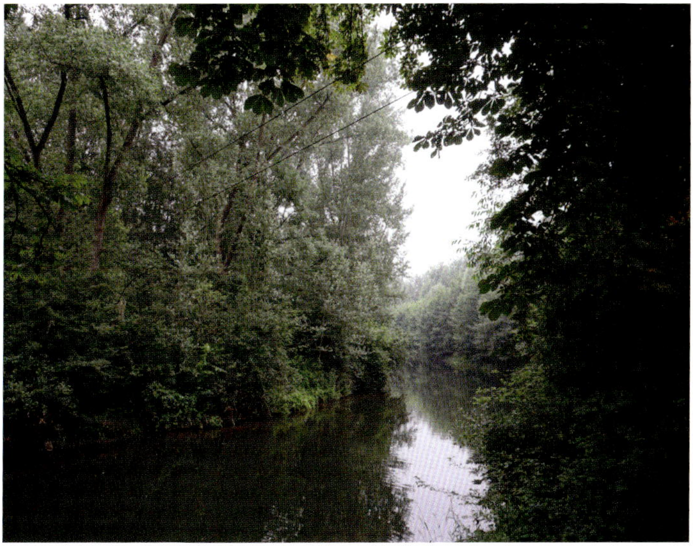

schmalen Pfad abzubiegen. Bald wandern wir an der Stever entlang, unterqueren eine Straße und nehmen nach der kleinen Steigung die Brücke am Wasserwerk.

Zwischen dem Halterner See und der Straße führt uns unsere Route bis zum Seehof. Dahinter lassen wir uns von einem hölzernen Geländer in Richtung Westruper Heide leiten. Dort, wo links die Heide beginnt, betreten wir die sandige und einzigartige Landschaft.

Für die, die sich dort frei bewegen wollen oder die Markierungen verlieren: Weiter geht es ganz rechts am Ende der Heide. Hier befindet sich auch das „Heidehäuschen", ein Treffpunkt für Führungen. Auf der anderen Seite der Landstraße müssen wir nach rechts den Parkplatz überqueren, um den Pfad zu erreichen, der sich bald gabelt. Der rechte Weg führt uns an eine kleine Straße, die wir ein Stück weiter rechts und noch vor der Landstraße nach links verlassen. So erreichen wir ein Feld, von dessen Rand aus wir Blick nach Flaesheim und zum ersten Mal zur Haard haben.

Am Weg

Westruper Heide

Auch wenn man sich nicht wundern würde, wenn hinter der nächsten Düne plötzlich das Meer zu sehen wäre – eines sollte man sich beim Besuch der Westruper Heide klar machen: Diese schöne und wild anmutende Landschaft ist das Ergebnis intensiver landwirtschaftlicher Nutzung. Ihre Existenz wäre wahrscheinlich längst beendet, würde nicht bis heute nach einem genauen Plan alles dafür getan, dass sie nicht vom nachwachsenden Wald verdrängt wird. Die Natur lohnt es dem Menschen mit einer einzigartigen Landschaft, mit schützenswerten Pflanzen und Tieren.

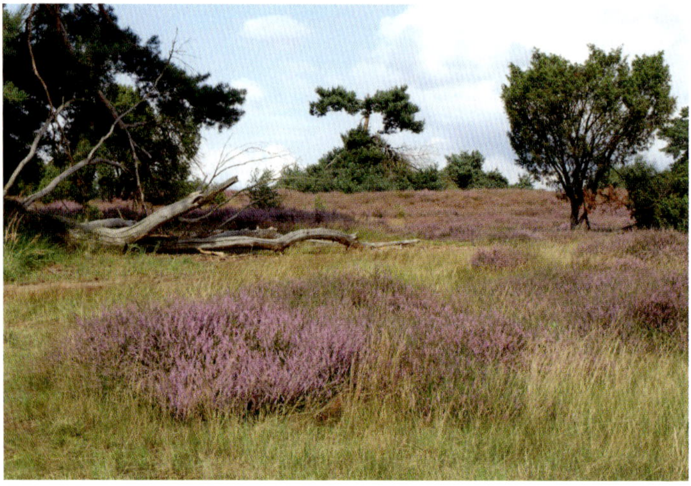

Am Weg

Brücke oder Maifisch-Fähre?

Hier können sich die Wanderinnen und Wanderer entscheiden: Entweder zu Fuß oder mit Muskelkraft geht es über die Lippe. Die kleine handgezogene Fähre kann kostenlos benutzt werden, der einzige Sold ist die eigene Armkraft. Ein kleines Abenteuer ist es allemal. Wer es gemütlich will oder sich die Anstrengung sparen möchte, geht einfach über die Brücke.

Achtung: *Die durch Armkraft betriebene Fähre erfordert unerwartet viel Muskelstärke und das Antriebsrad ist eher für größere Menschen geeignet. Wenn man alleine und sich nicht sicher ist, sollte man sich an dieser Stelle besser für den Weg über die Straßenbrücke entscheiden.*

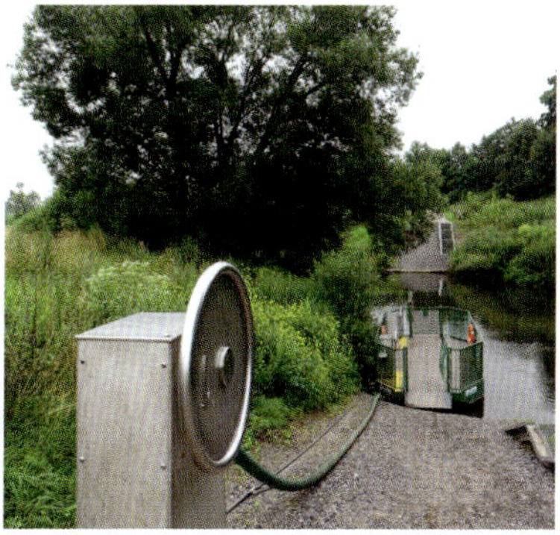

Dieses Rad muss drehen, wer die Fähre holen will.

Wir biegen rechts ab, und an der nächsten Abzweigung gehen wir nach links bis zur Lippefähre.

Jenseits des Flusses geht es rechts weiter und dann über den Wesel-Datteln-Kanal. Um die romanische Maria-Magdalena-Kirche in Flaesheim wandern wir rechts herum und von dort geradeaus auf „Am Dachsberg" durch den Ort bis an den Fuß der Haard.

Dort halten wir am Spielplatz die Richtung bei, wandern rechts von einem Kreuz weiter und an der nächsten Gabelung sowie noch einmal vor der Wiese rechts.

Am Köhlerplatz steht an dem Weg, in den wir nach links abbiegen, eine riesige als Naturdenkmal geschützte Buche. Schon an der nächsten Kreuzung wenden wir uns wieder links und schon wenig später im spitzen Winkel nach rechts.

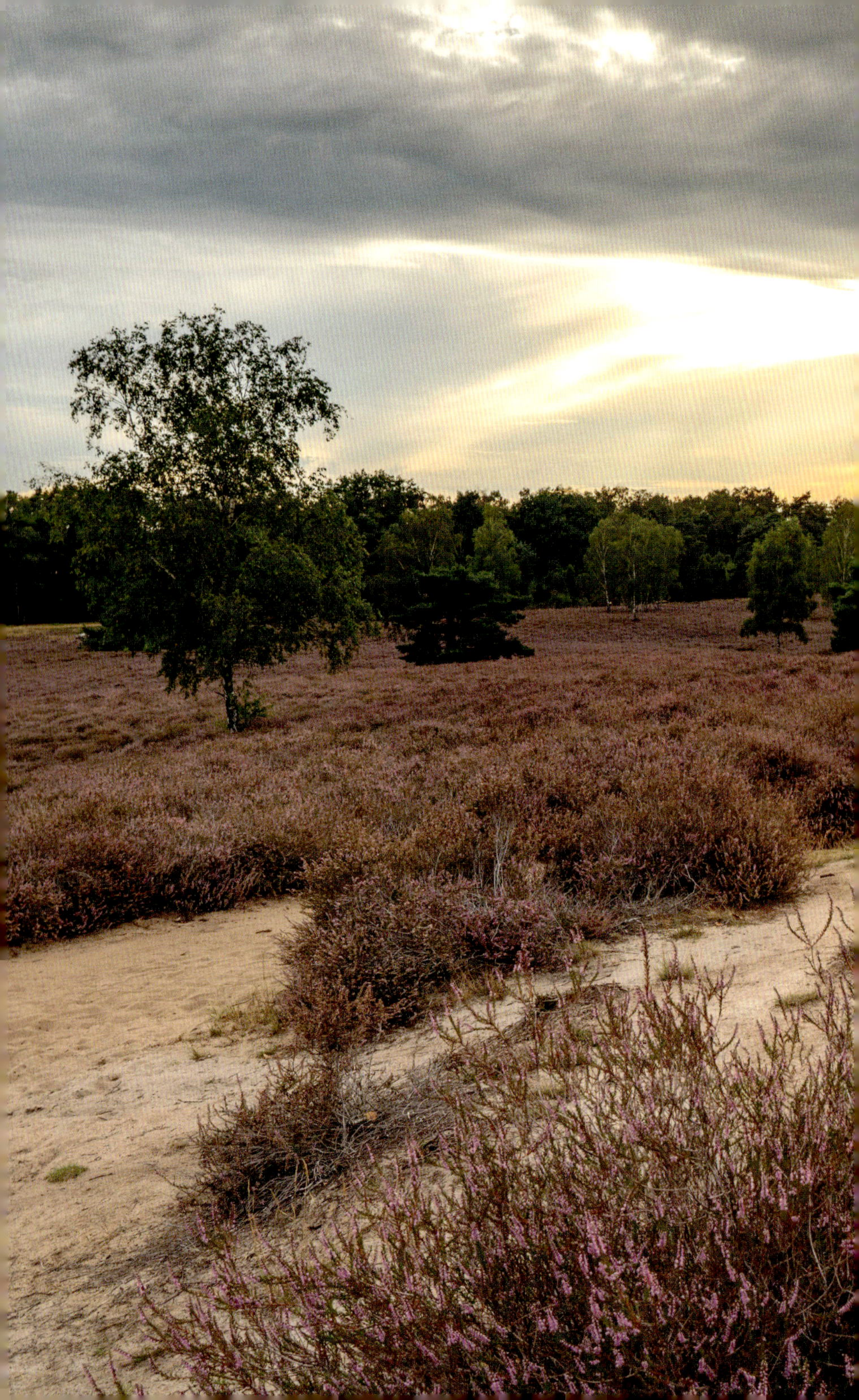

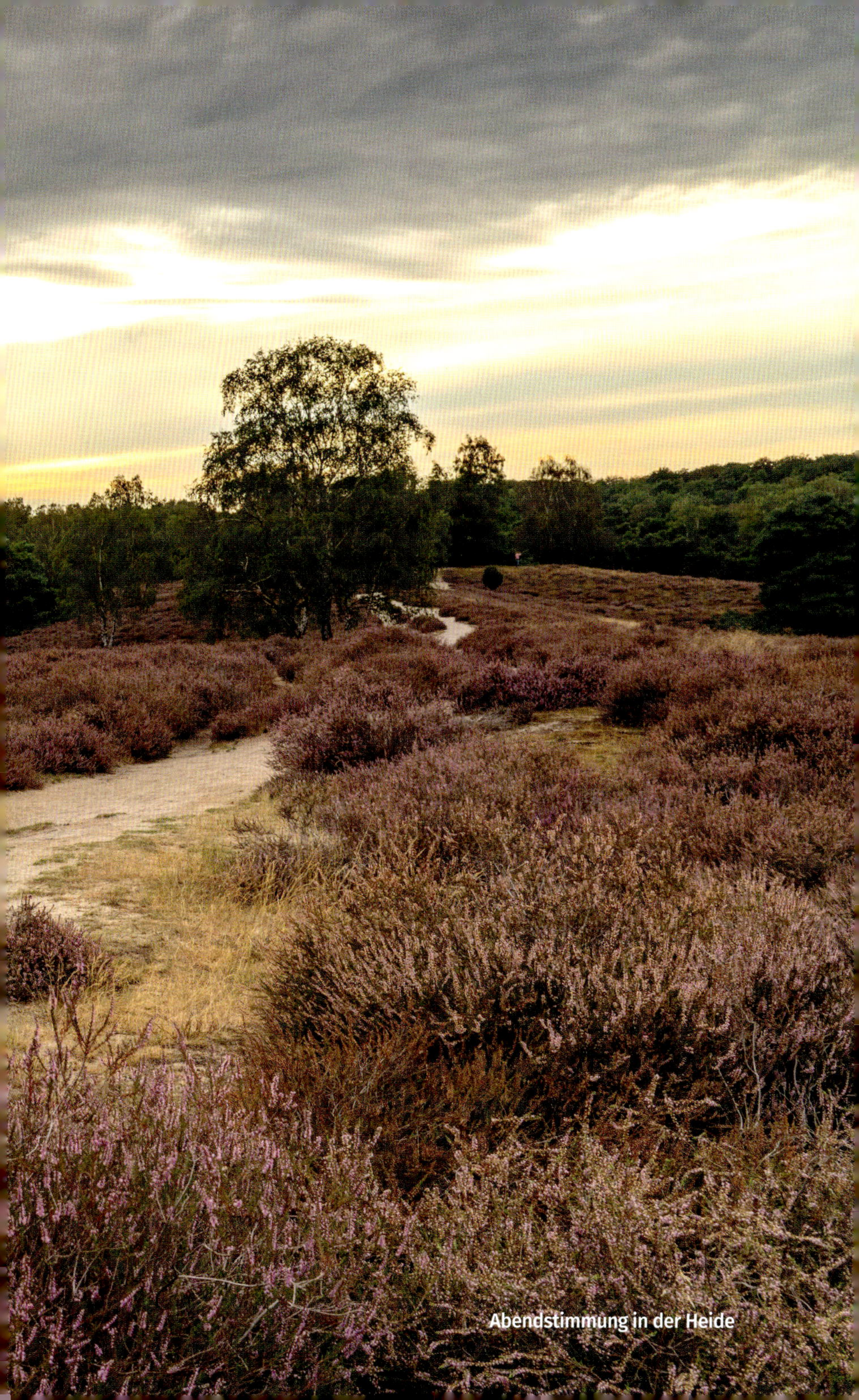

Abendstimmung in der Heide

Info

St. Maria Magdalena in Flaesheim

Seit 1975 ist die Gemeinde Flaesheim ein Ortsteil der Stadt Haltern – die Geschichte des Ortes beginnt allerdings schon in germanischer Zeit, wie Grab- und Siedlungsfunde belegen. Heidnische Gräber in der Nähe der Stiftskirche zeugen davon, dass hier schon die Sachsen im 8. Jahrhundert n. Chr. ihre Kulte begingen.

Graf Otto I. von Ravensberg ist es zu verdanken, dass das Frauenkloster Flaesheim mit seiner beeindruckenden Pfarrkirche 1166 gegründet wurde. Das romanisch-gotische fast wehrburghafte Gebäude beeindruckt schon von außen, und wenn man durch das modern gestaltete Portal den Kirchenraum betritt, fällt der Blick zuerst auf den Hochaltar aus Sandstein, Marmor und Alabaster – gestiftet 1658 von der Äbtissin Maria von Ketteler und von Bildhauer Gerhard Gröninger aus Münster gestaltet.

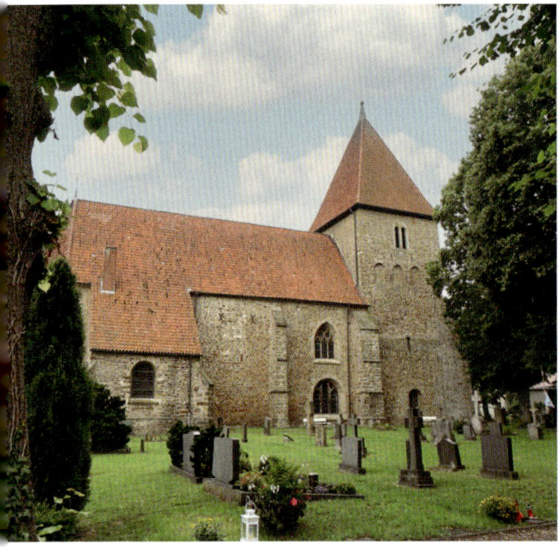

Die Heilige, die der Kirche ihren Namen gibt, Maria Magdalena, findet sich am Hochaltar, aber auch in Form einer Eichenplastik aus dem 16. Jahrhundert neben dem Taufbecken. Die verschiedenen Grabplatten der früheren Äbtissinnen zeugen vom Einfluss des Klosters und Stifts über die Jahrhunderte hinweg.

Um 1550 wurde das Prämonstratenserkloster in ein freiweltliches Damenstift umgegründet, ebenso wurde der Chorraum der Kirche im gotischen Stil vergrößert. Aus der romanischen Gründungszeit ist heute noch der wehrhafte Kirchturm erhalten geblieben. Im Jahre 1803 ging das Stift in den Besitz des Herzogs von Arenberg über, der es 1808 auflöste. Heute gehört die Kirche zu der Pfarrei St. Sixtus in Haltern.

Bald schwenken wir auf den breiten, bisher parallel verlaufenden Weg ab, dem wir nach links bis hinter der leichten Rechtskurve folgen. Dort gehen wir rechts hinauf auf den Rennberg. Oben biegen wir rechts ab und wandern am Feuerwachturm vorbei auf dem breiten Weg wieder abwärts bis zur nächsten Kreuzung. Dort zweigt der Steig nach rechts Richtung Bossendorf ab.

Variante

Wer hier abkürzen mag, kann auch gleich links Richtung Oer-Erkenschwick gehen, trifft nach 250 Metern wieder auf die Hauptroute, wo es an einer Kreuzung nach links auf den schmalen Pfad abzubiegen gilt. Die Strecke verkürzt sich so um rund zwei Kilometer, also eine gute halbe Stunde.

Schon an der nächsten Kreuzung zweigt die Hauptroute erneut rechts ab und führt durch Kiefernwälder über den Finkenberg gera-

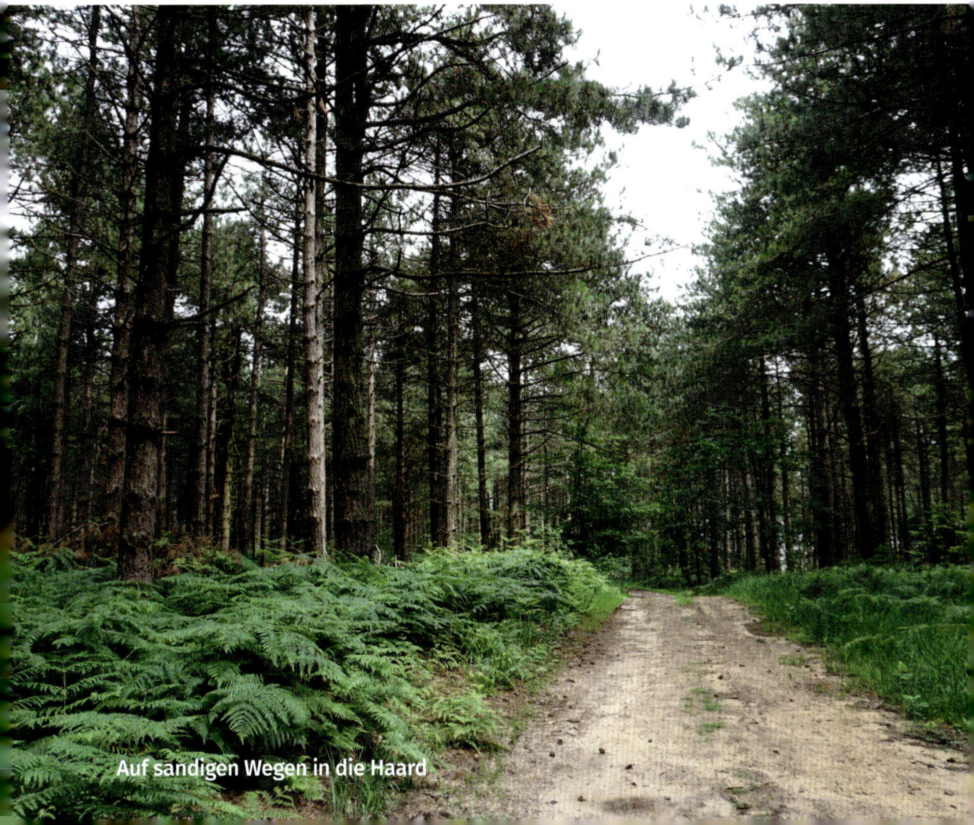

Auf sandigen Wegen in die Haard

deaus und dann über eine Kreuzung hinweg bis zu einer Gabelung, an der wir links abbiegen.

Immer schmaler wird unser Weg und führt an der nächste Y-Kreuzung ebenfalls links weiter. Bergab ignorieren wir zwei Querungen, zweigen nach links auf den Schotterweg ab und nehmen die nächste Abzweigung nach rechts. So erreichen wir eine Lichtung, wo wir vor einem Hochsitz nach links abbiegen.

An der T-Kreuzung nehmen wir den etwas breiteren Weg nach rechts, den wir in der leichten Rechtskurve nach links wieder ver-

Info

See im Sand: das Naturschutzgebiet Brinksknapp

Auf Schritt und Tritt spürt man in der Haard den Sand unter den Füßen und dann taucht plötzlich dieser kleine See auf. Es ist ein wunderschöner Ort – und sehr schutzbedürftig. Eines der wenigen Hochmoore unserer Breiten droht immer wieder zu verlanden. Der Mensch muss eingreifen, um es zu erhalten, indem er die Faulschlämme regelmäßig entfernt, damit das 17 Hektar große Feuchtwiesengebiet erhalten bleibt und seltene Arten nicht ihren Lebensraum verlieren.

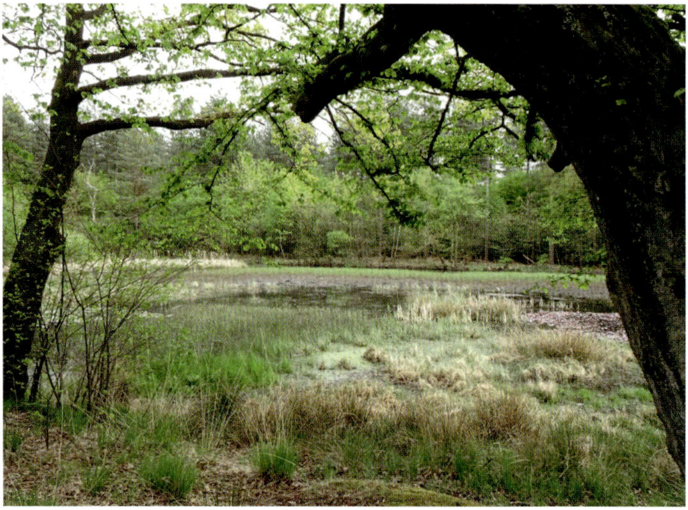

lassen. Dann erreichen wir den breiten Weg, wo sich die Hauptroute mit der Variante (Seite 95) trifft.

Der Steig überquert diesen Weg, und wir folgen dem Pfad gegenüber. Er führt uns an einer der pinken Bänke auf einen Hauptweg, den wir aber nur wenige Meter weiter links wieder nach rechts verlassen. Bei erster Gelegenheit wieder links abgebogen, folgen wir dem Pfad bis vor einer kleinen Erhebung. Dort biegen wir rechts und gleich links bergan ab. An der dritten Möglichkeit wenden wir uns nach rechts und wandern über die vielarmige Kreuzung hinweg weiter geradeaus in den zauberhaften Eichenwald im Naturschutzgebiet am Schwarzen Berg.

Geradeaus geht es über eine erste Kreuzung und an der zweiten links auf dem breiten Weg bis zur nächsten Bank. Davor geht es links

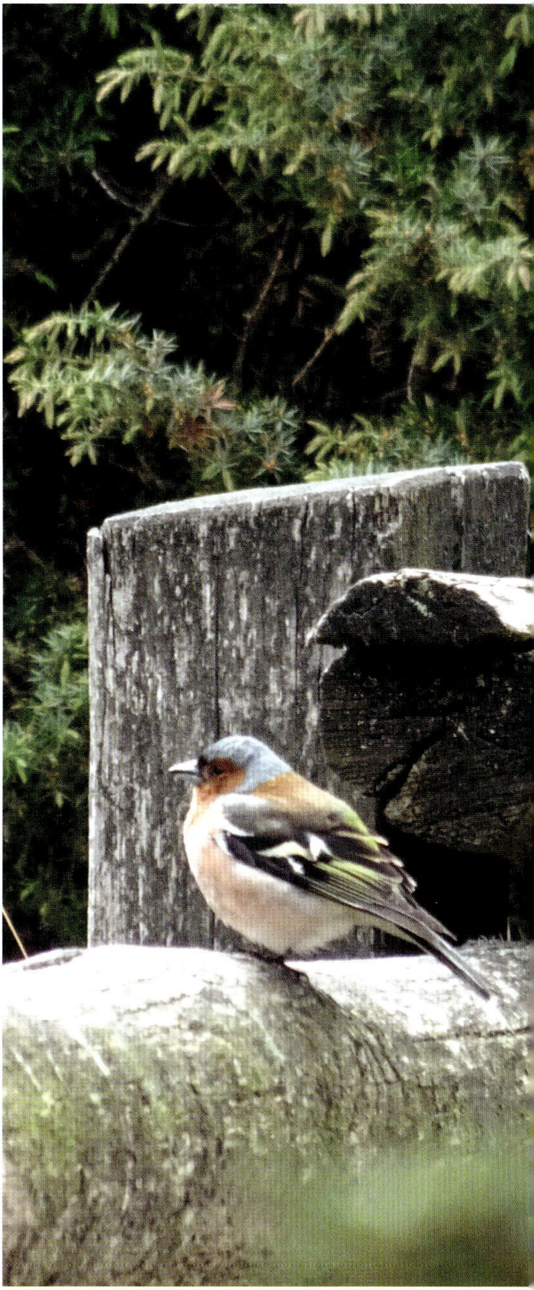

Der Buchfink fühlt sich wohl in der Heide.

zum Brinksknapp. Dafür biegen wir an der nächsten Kreuzung nach rechts ab und verpassen nicht den Abstecher nach rechts zu dem kleinen Teich.

Den Schotterweg dahinter queren wir und zweigen von dem Pfad bei erster Gelegenheit nach links ab. Wieder überqueren wir einen Schotterweg und gehen geradeaus, bis wir an einer alten Bank auf eine Art Wald-Rondell treffen. Dort wenden wir uns nach rechts. Hinter einer großen Sandkuhle erreicht man geradeaus die Gastronomie am Parkplatz Sankt Johannes. Die Route zweigt hier nach links ab und führt an der Eichhörnchen-Skulptur wieder auf einen schmalen Pfad.

Wir überqueren zwei Wege und schwenken in den dritten nach links ein. Den recht breiten Weg verlassen wir sobald wie möglich nach rechts, überqueren den mit einem x markierten Weg und eine Schonung und halten auch dahinter die Richtung bei.

Immer geradeaus wandern wir durch den schier endlosen Wald, wenden uns an der T-Kreuzung nach rechts, passieren rechter Hand eine beeindruckende alleinstehende Buche und gehen gleich dahinter links weiter.

An der Gaststätte „Mutter Wehner" gehen wir rechts vorbei und folgen dem Reitweg bis zu einer Tafel, die über die Hügelgräber in der Haard informiert. Davor biegen wir rechts ab und gehen an der Gabelung links. An der nächsten Kreuzung wenden wir uns nach rechts abwärts und erreichen am Fuß der Haard das Ziel dieser Etappe.

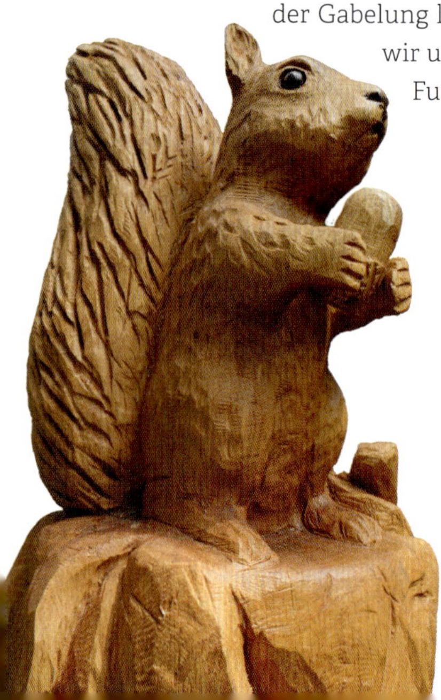

Das Eichhörnchen zeigt uns den Weg.

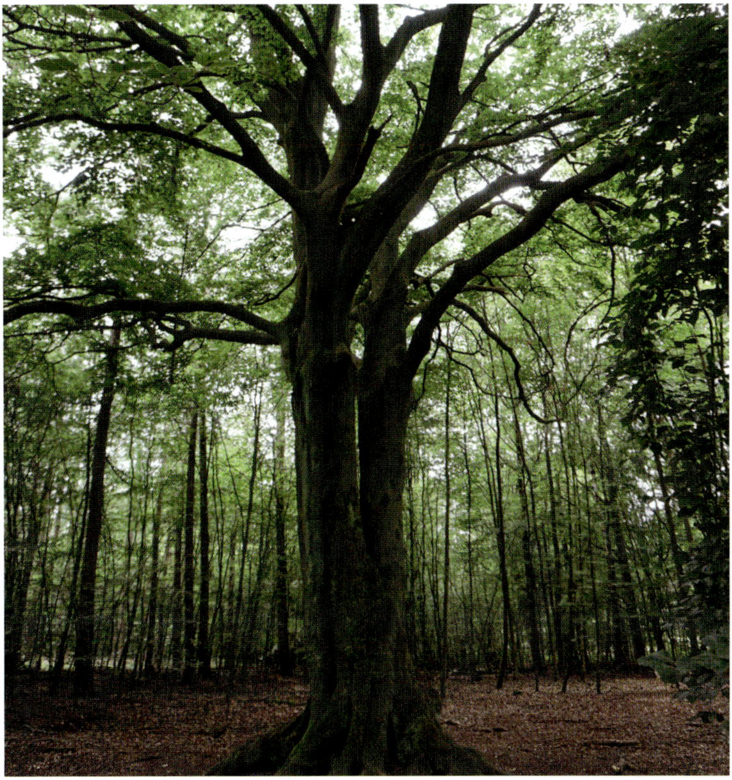

Vor der Mutter Wehner wartet diese besondere Buche auf uns.

Am Weg

Keltische Hügelgräber

Rund 160 Hügelgräber zählen die Denkmalschützer in dieser Region. Vor 4000 Jahren war die Haard ein Ort, an dem die Menschen aus der sogenannten Einzelgrabkultur ihre Toten bestatteten. Ausgestattet wurden die Toten mit kultischen Grabbeigaben. Glaubten diese vorchristlichen Völker an ein Leben nach dem Tod, oder waren die Beigaben nur ein Gedenken über den Tod hinaus? Die Archäologen können nur spekulieren, schriftlich ist uns nichts überliefert.

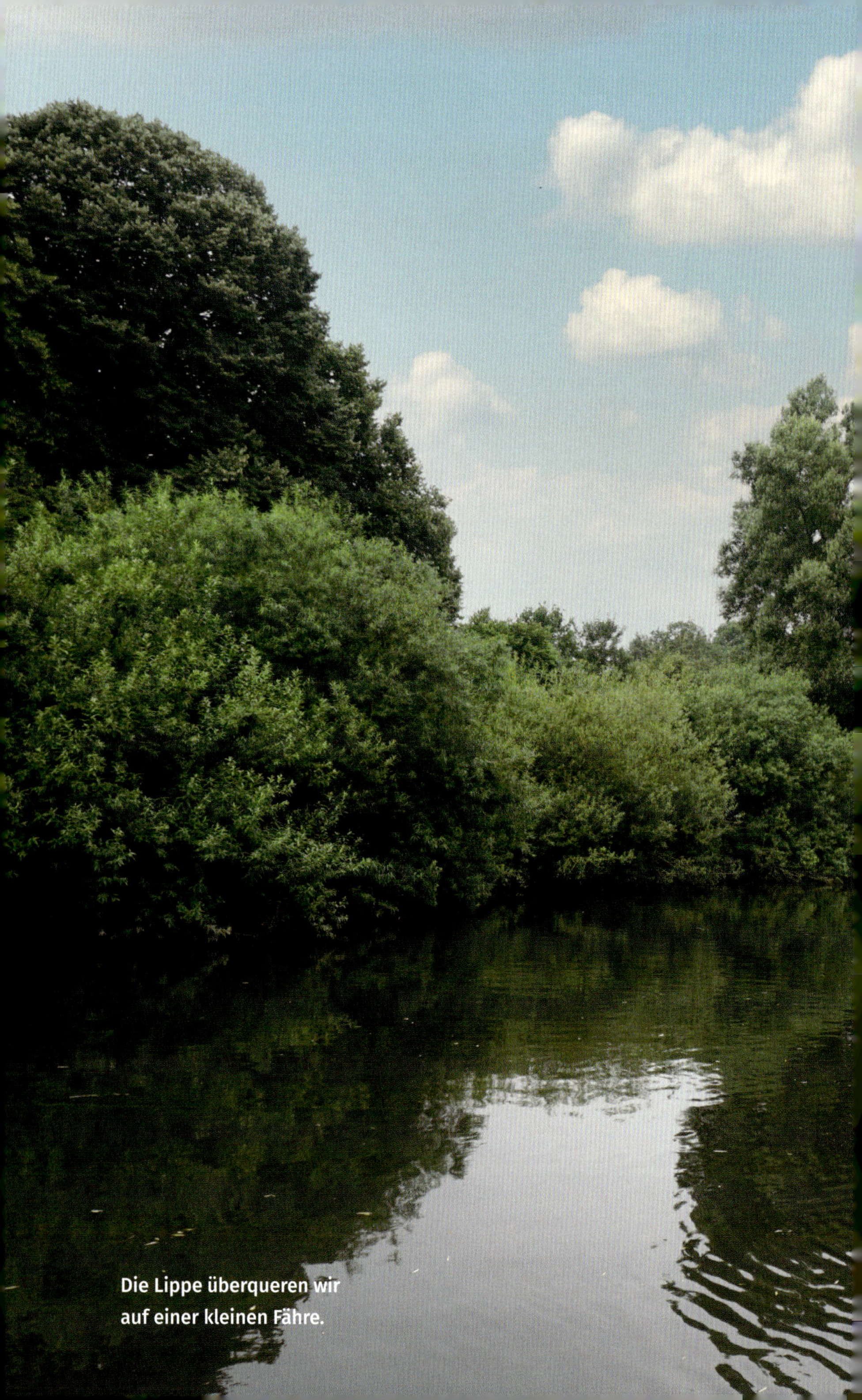

Die Lippe überqueren wir auf einer kleinen Fähre.

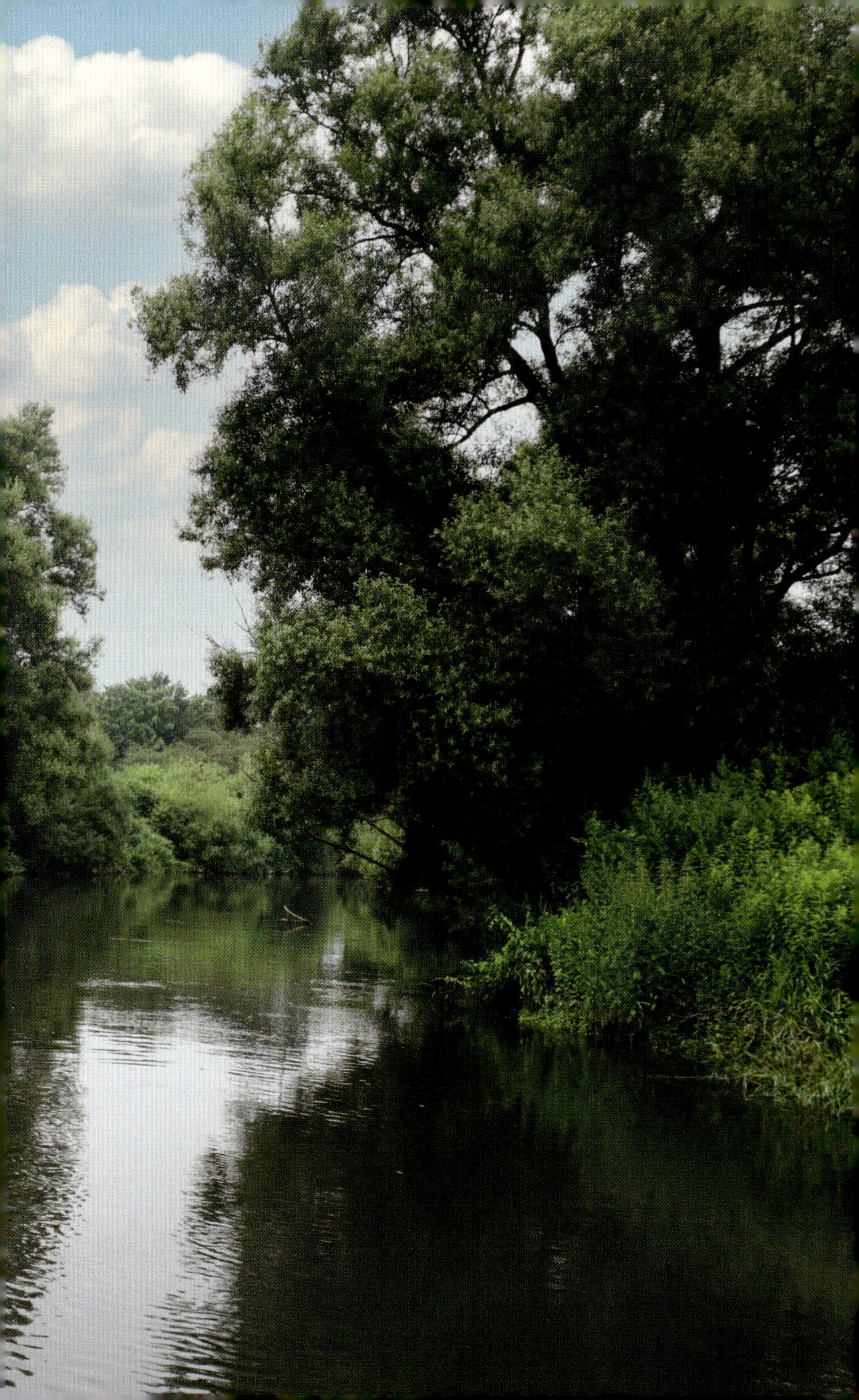

Gastronomie

Diverse in Haltern und am See

Café Brinkert, Zum Dachsberg 25, 45721 Haltern-Flaesheim, Telefon 02364/3708

Zum Sankt Johannes, Haardgrenzweg 330, 45739 Oer-Erkenschwick, Telefon 02368/1209

Mutter Wehner, Haardstraße 196, 45739 Oer-Erkenschwick, Telefon 02368/9626510, www.mutter-wehner.de

Übernachtung

Übernachten am Start

Pension Abendroth, Mühlenstraße 27, 45721 Haltern am See, Telefon 02364/4639, www.pension-abendroth.de

Ratshotel, Mühlenstraße 3–5, 45721 Haltern am See, Telefon 02364/3465, www.hotel-haltern.de

Gästehaus Sondermann, Rekumer Straße 48, 45721 Haltern am See, Telefon 02364/2259, www.gaestehaus-sondermann.de

Hotel am Turm, Turmstraße 4, 45721 Haltern am See, Telefon 02364/96010, www.hotel-amturm.de

Hotel Seehof, Hullerner Straße 102, 45721 Haltern am See, Telefon 02364/9280, www. wellnesshotel-seehof.de

Jugendherberge Haltern am See, Stockwieser Damm 255, 45721 Haltern am See, Telefon 02364/2258, www.jugendherberge.de/jugendherbergen/haltern-am-see-364//portraet/

Übernachten am Weg

Haus Haard, Haardgrenzweg 338, 45739 Oer-Erkenschwick, Telefon 02368/91490, www.haus-haard.de

(Haus Haard ist eine gemeinnützige GmbH, Wanderer sind nach Absprache und Vorbuchung willkommen.)

Übernachten am Ziel

Hotel Stimbergpark, Am Stimbergpark 78, 45739 Oer-Erkenschwick, Telefon 02368/1067, www.stimbergpark.de

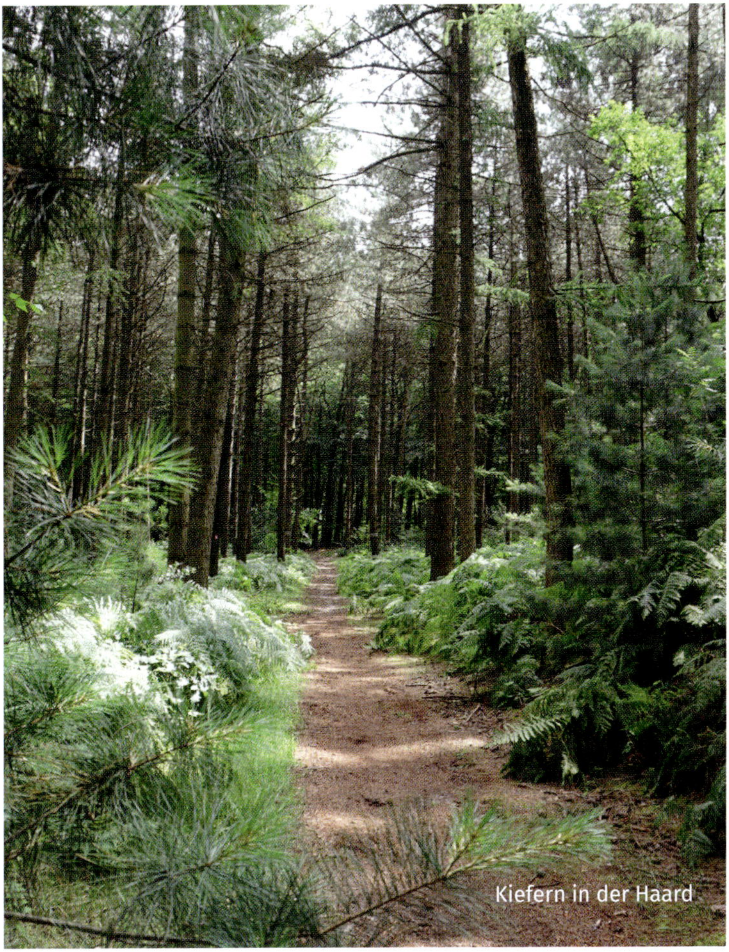

Weitere Unterkünfte

In Haltern:

Tourist-Info Haltern am See, Altes Rathaus, Markt 1, Telefon 02364/933366, www.haltern-am-see.de

In Oer-Erkenschwick:

www.oer-erkenschwick.de/Inhalte/Freizeit_Tourismus

Etappe 5

Startpunkt

Zwischenziele

Zielpunkt

Parkplatz

Gastronomie

Übernachtung

Sehenswürdigkeit

Naturerlebnis

Aussichtspunkt

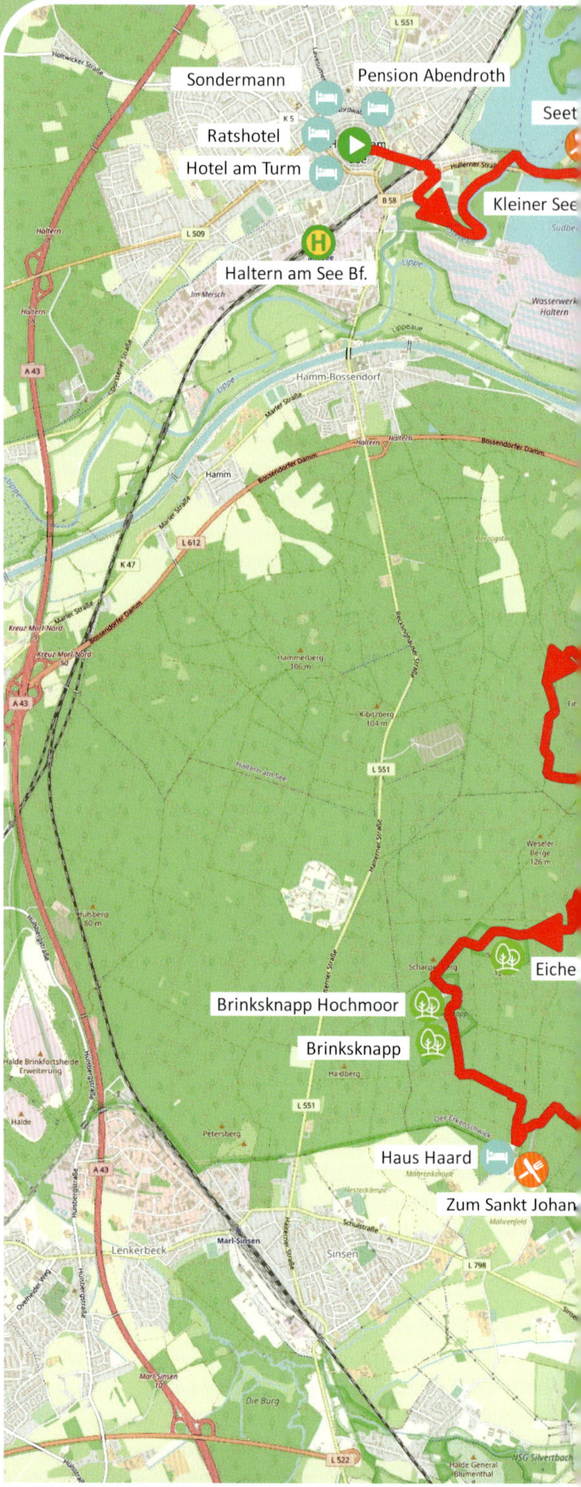

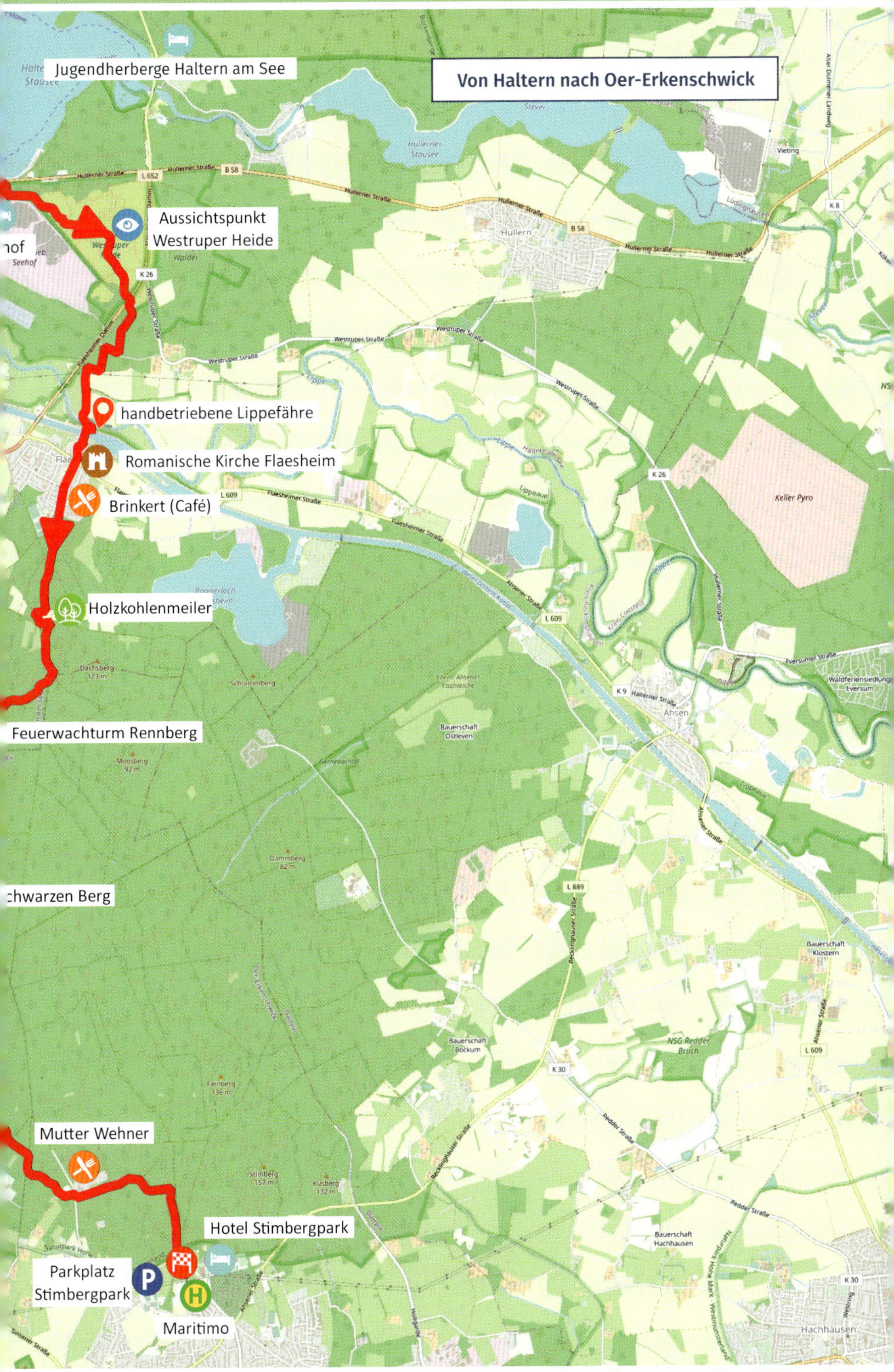
Von Haltern nach Oer-Erkenschwick
Jugendherberge Haltern am See
Aussichtspunkt Westruper Heide
handbetriebene Lippefähre
Romanische Kirche Flaesheim
Brinkert (Café)
Holzkohlenmeiler
Feuerwachturm Rennberg
chwarzen Berg
Mutter Wehner
Hotel Stimbergpark
Parkplatz Stimbergpark
Maritimo
Hullerner Stausee
Hullern
Keller Pyro
Ahsen
Bauerschaft Ostleven
Bauerschaft Klostern
Bauerschaft Böckum
NSG Redder Bruch
Bauerschaft Hachhausen
Hachhausen

Wald und Wasser

Über den Stimberg und an der Alten Fahrt nach Olfen

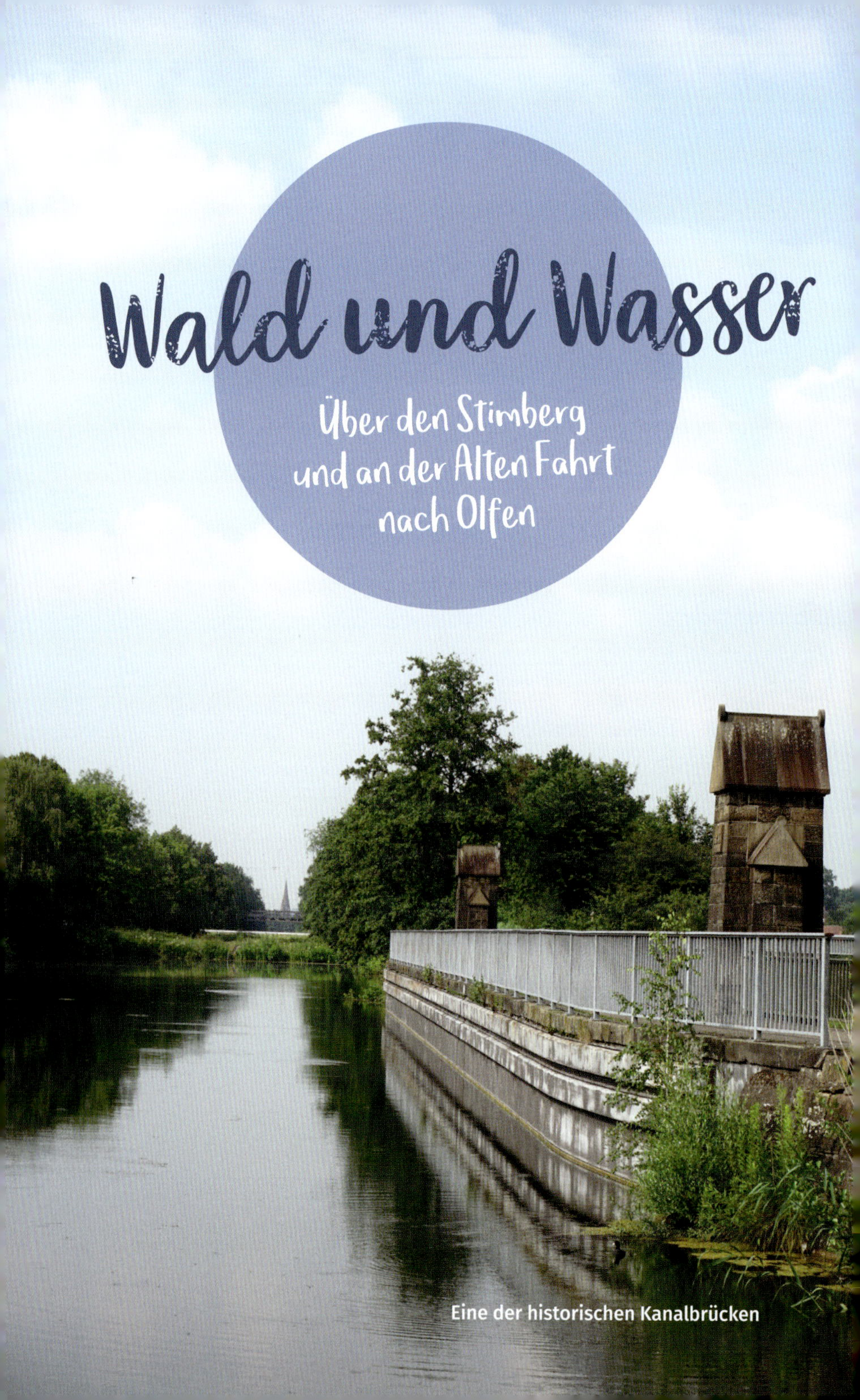

Eine der historischen Kanalbrücken

Höher hinaus als auf dieser Etappe führt der Hohe Mark Steig nicht: Der Stimberg ist mit seinen fast 157 Metern der höchste Berg im Naturpark. Kein Wunder also, dass sich gerade hier – in unmittelbarer Nähe einiger vorgeschichtlicher Gräber – alte Legenden um den heute noch sichtbaren Teufelsstein halten. Auf dem ersten Drittel dieser Etappe besticht das kleine Mittelgebirge mit seinen verschachtelten schmalen Waldwegen. Danach übernimmt das Wasser die Führung – im wahrsten Sinne des Wortes: Der Wesel-Datteln-Kanal, die historische Alte Fahrt und schließlich die Stever leiten uns zum Etappenziel. Wir empfehlen, diese in der kleinen Stadt Olfen zu beenden – anders als es der Hohe Mark Steig eigentlich vorschlägt. Denn hier kann man einkehren, übernachten oder auch den Bus zurück zum Ausgangspunkt nehmen.

Etappe 6

6:30 Std.

24,5 km

Anreise mit ÖPNV: Zur Bushaltestelle Maritimo verkehren vom Hauptbahnhof Recklinghausen regelmäßig Busse (Linie 231).
Anreise mit dem Auto: Parkplatz am Stimbergpark, Buschstraße, 45739 Oer-Erkenschwick
Abreise mit ÖPNV: Von der Haltestelle Olfen Friedhof fährt die Linie 91 nach Datteln, wo es Anschluss nach Oer-Erkenschwick oder auch nach Haltern am See gibt.
Abkürzungsmöglichkeit: 1,6 Kilometer bzw. etwa 20 Minuten (siehe Variante)

Wegbeschreibung: Diese Etappe beginnen wir, indem wir für ein paar Meter dem asphaltierten Sträßchen bergauf folgen. Bei erster Gelegenheit zweigt der Steig links ab, um auf dem Pfad parallel der kleinen Straße entlangzuführen. Weiter geht es dann über den Asphalt, bis die Route dort, wo dieser endet, nach links bergauf abzweigt.

Wir orientieren uns an einem tief eingeschnittenen Graben rechts unter uns und wenden uns an dessen Ende nach rechts und wandern über die Kreuzung hinweg geradeaus weiter. Im Wald stoßen wir auf eine Wegkreuzung und nehmen den breitesten der Wege nach links. Diesem folgen wir, bis wir auf einem kleinen Plateau den Weg nach rechts Richtung Turm einschlagen und so zur Straße gelangen, die uns nach links zum Gipfel führt.

Nach dem Besuch des Gipfels wenden wir uns an der ersten Abzweigung unterhalb des geologischen Aufschlusses nach links. Es geht am Teufelsstein vorbei und an der Kreuzung rechts. Am breiten Querweg nehmen wir die linke der beiden Möglichkeiten, die gegenüber weiterführen. An der nächsten Kreuzung wandern wir geradeaus bergab, bis wir in den Schotterweg nach rechts einschwenken. Schon an der nächsten Kreuzung geht es nach links weiter.

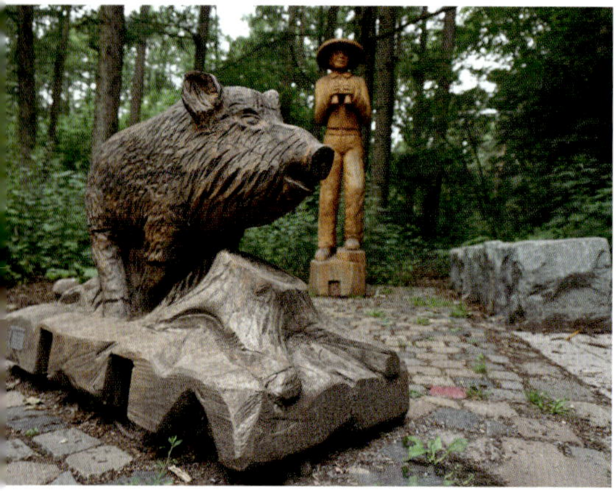

Hier startet die Etappe über den Stimberg.

Geradeaus wandern wir über eine Schonung und auch an der Kreuzung hinter einem sogenannten Waldmonitoring behalten wir diese Richtung bei. Erst an der nächsten Querung geht es nach rechts weiter.

Der Steig führt uns nun wieder für lange Zeit auf geraden Wegen, an einer Grubenlampen-Skulptur vorbei und über eine kleine Straße hinweg, bis wir hinter einer der pinken Bänke nach links

Am Weg

Stimberg

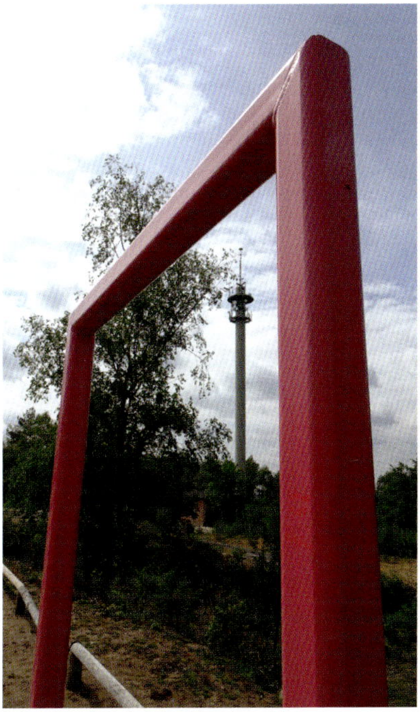

Der Stimberg ist mit 157 Metern Höhe nicht nur der höchste Berg der Haard, sondern auch der höchste Berg im Nationalpark Hohe Mark. Früher, im Kalten Krieg, stand auf seinem Gipfel eine Radarstation. Heute betreibt die Bundesnetzagentur den Turm, und das Gelände gehört der Stadt Oer-Erkenschwick, die sich sichtbar bemüht, den Ort wieder zu einem attraktiven und naturgerechten Naherholungsziel zu machen. Es lässt sich ein geologischer Aufschluss aus Quarzit bewundern: Vor rund 80 Millionen Jahren war diese Region ein Meer, in das aus dem südlichen Festland Sand abgelagert wurde – bis zu 300 Meter hoch. Als sich das Meer zurückzog, trugen Wind und Erosion auch große Teile der Sande ab. Doch in der Haard sind die Sande durch Kieselsäure verfestigt und bilden bizarre Quarzitblöcke.

abbiegen. An der Skulptur, die die Fischteiche, die hier einst waren, symbolisiert, gehen wir weiter geradeaus und dann rechts.
Wir wandern nun an den großen Wiesen, den ehemaligen Fischteichen entlang und dahinter nach rechts. Nach den Wiesen erreichen wir einen Querweg, der uns nach rechts bis zu einer Abzweigung führt, in die wir links abbiegen. Noch einmal biegen wir rechts und

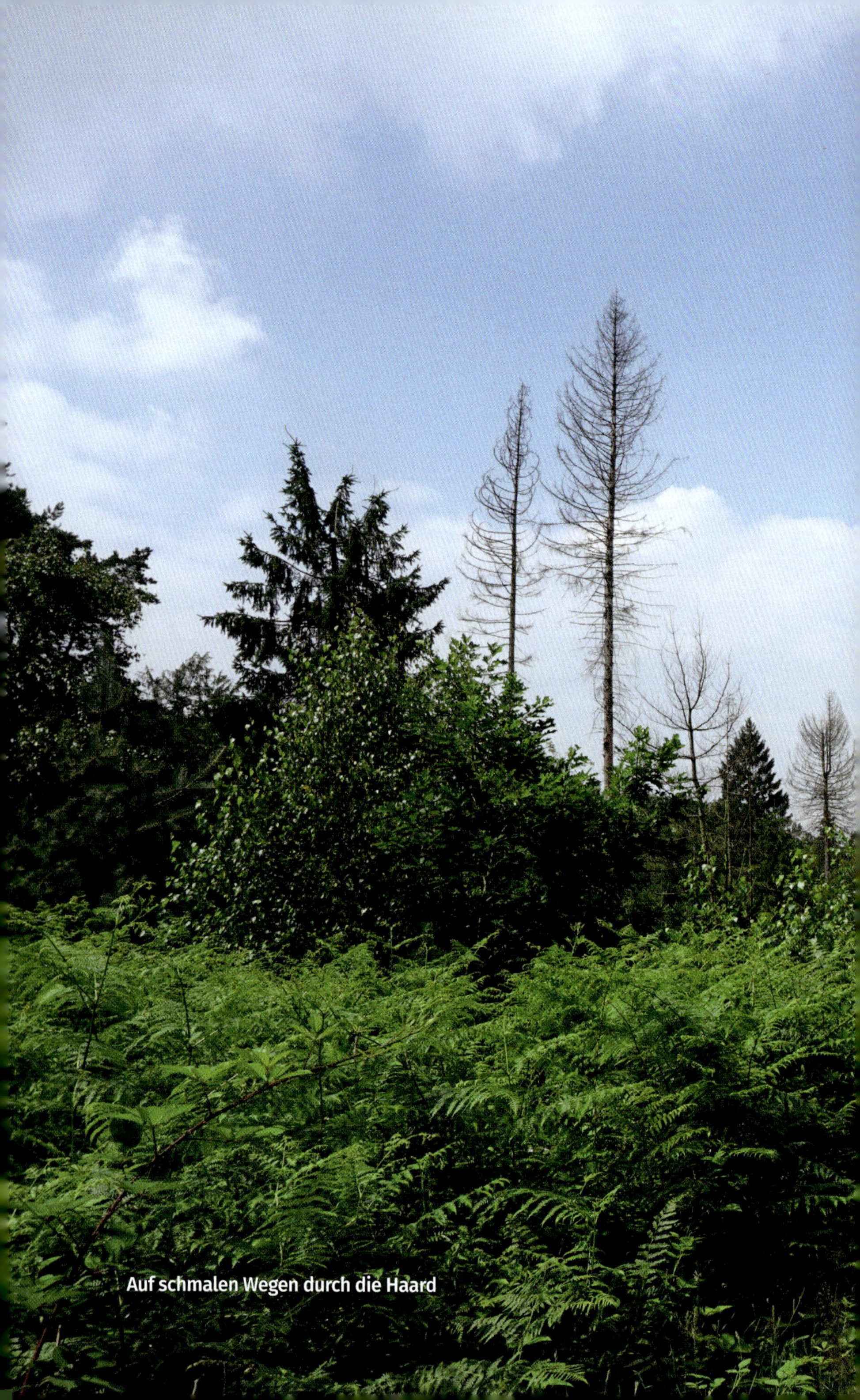

Auf schmalen Wegen durch die Haard

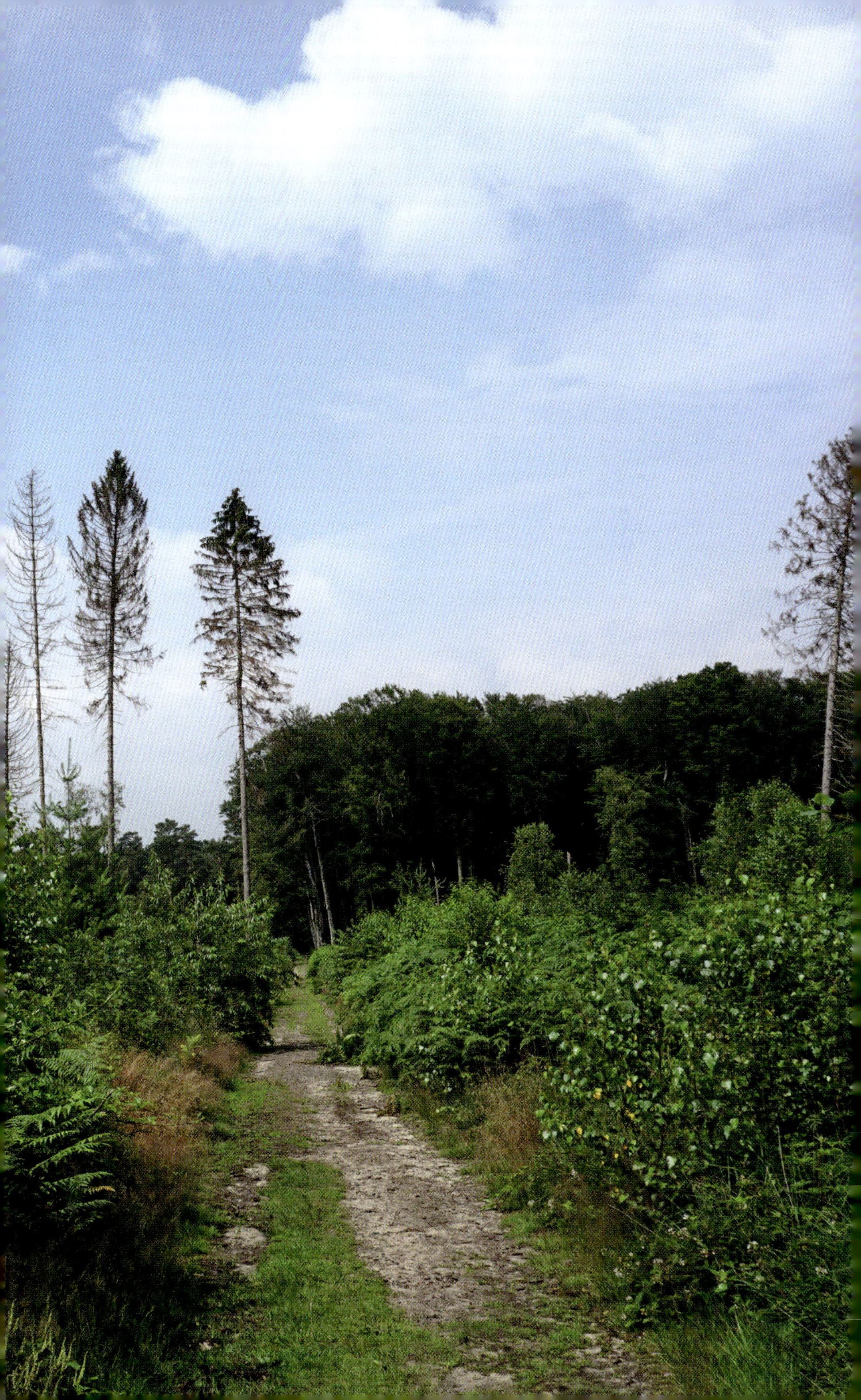

Am Weg

Teufelsstein

Einer dieser bizarren Quarzitblöcke ist der Teufelsstein. Aufgrund seines Namens ist anzunehmen, dass dieser Stein einmal ein heiliger Ort war. Vieles, was später als teuflisch bezeichnet wurde, wurde in vorchristlicher Zeit einmal als heilig verehrt. Aber spüren Sie selbst!

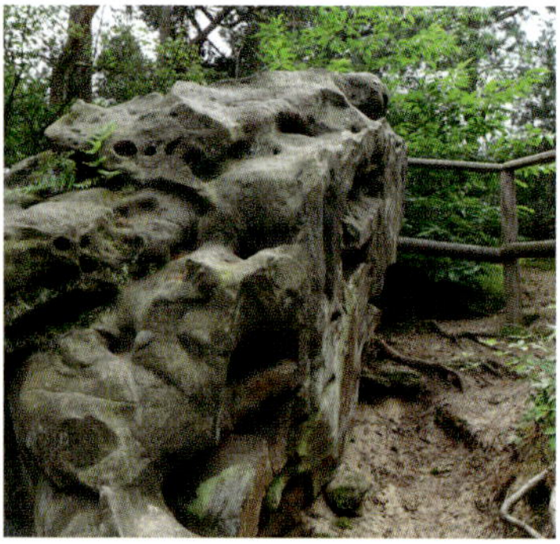

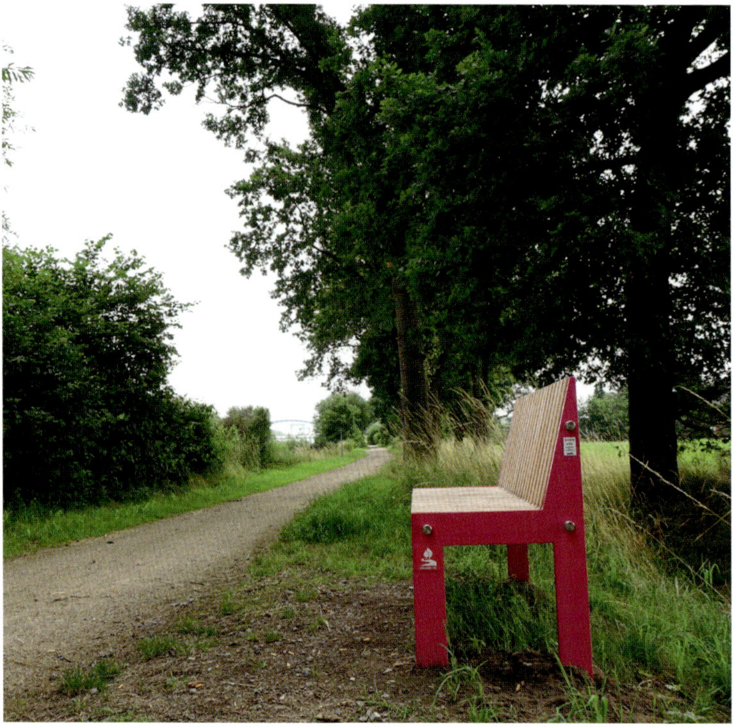

Der Steig führt am Kanal weiter Richtung Datteln.

vor den Pferdekoppeln links ab, um zum Ostlevener Weg zu gelangen.
An der Straßenkreuzung wenden wir uns nach links und am Wanderparkplatz noch einmal. So erreichen wir den Kanal, dem wir nach rechts unter der Brücke hindurch folgen. Wir wechseln die Kanalseite erst an der Schleuse.

Variante

Hinter der Schleuse kann man direkt rechts abbiegen. Diese Abkürzung und die Hauptroute treffen sich in 1700 Metern wieder. Die Route verkürzt sich so um 1,6 Kilometer, also um gut 20 Minuten.

Info

Wesel-Datteln-Kanal

Der Wesel-Datteln-Kanal ist nach dem Rhein die meistbefahrene Wasserstraße Deutschlands. Er verbindet den Rhein mit dem Dortmund-Ems-Kanal und hat eine Länge von 60 Kilometern. Gebaut wurde er im vergangenen Jahrhundert, als sich der Bergbau und die Schwerindustrie des Ruhrgebiets nach Norden und Osten ausdehnten. Er dient nicht nur der Schifffahrt, sondern auch der Wasserversorgung von Industrie und Landwirtschaft. Inzwischen bietet der Kanal auch Freizeitmöglichkeiten für die Bevölkerung – an seinem Ufer verläuft etwa der gleichnamige Radweg.

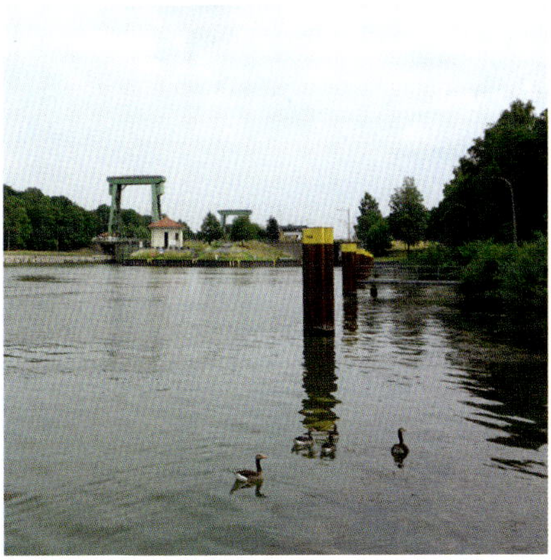

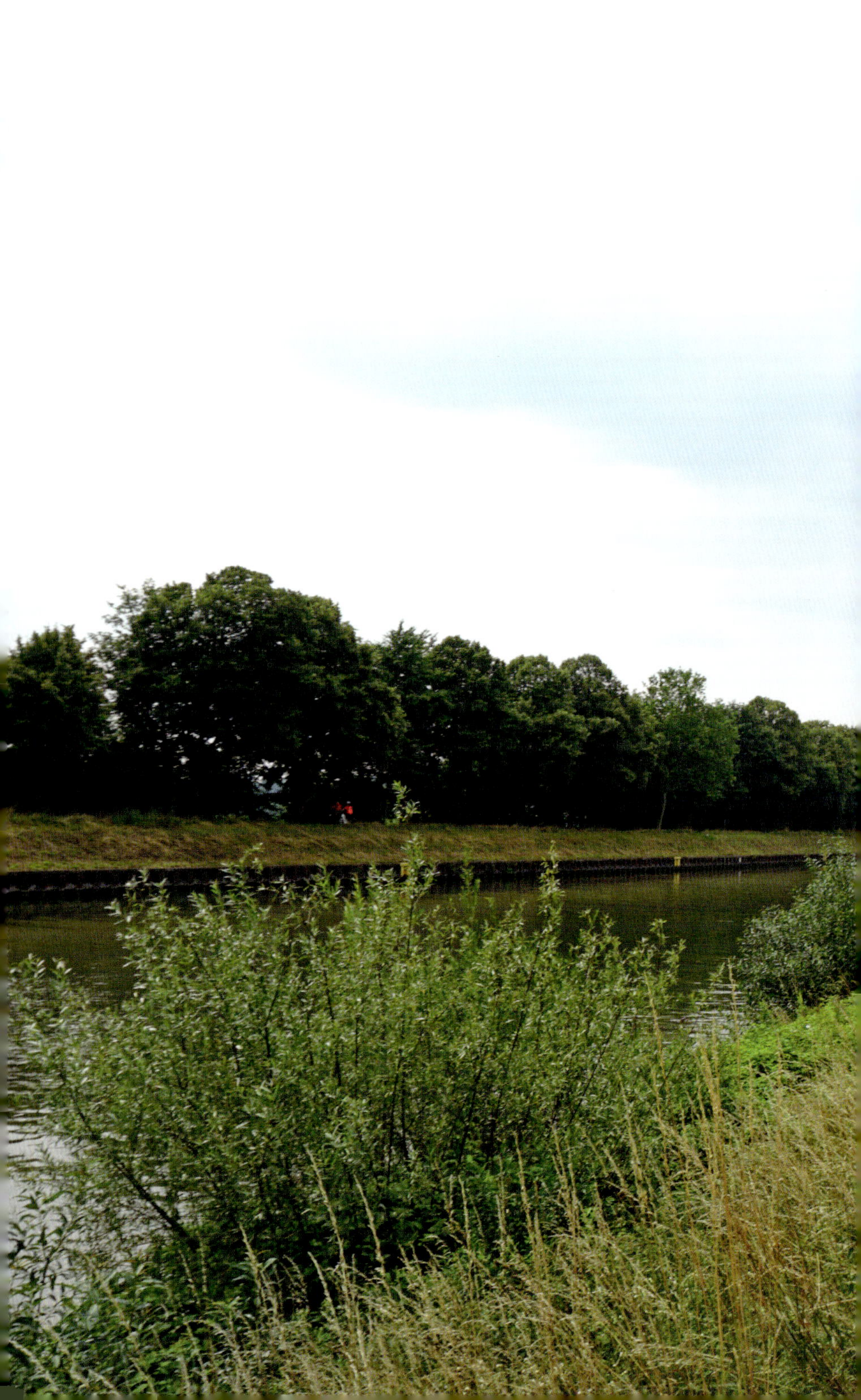

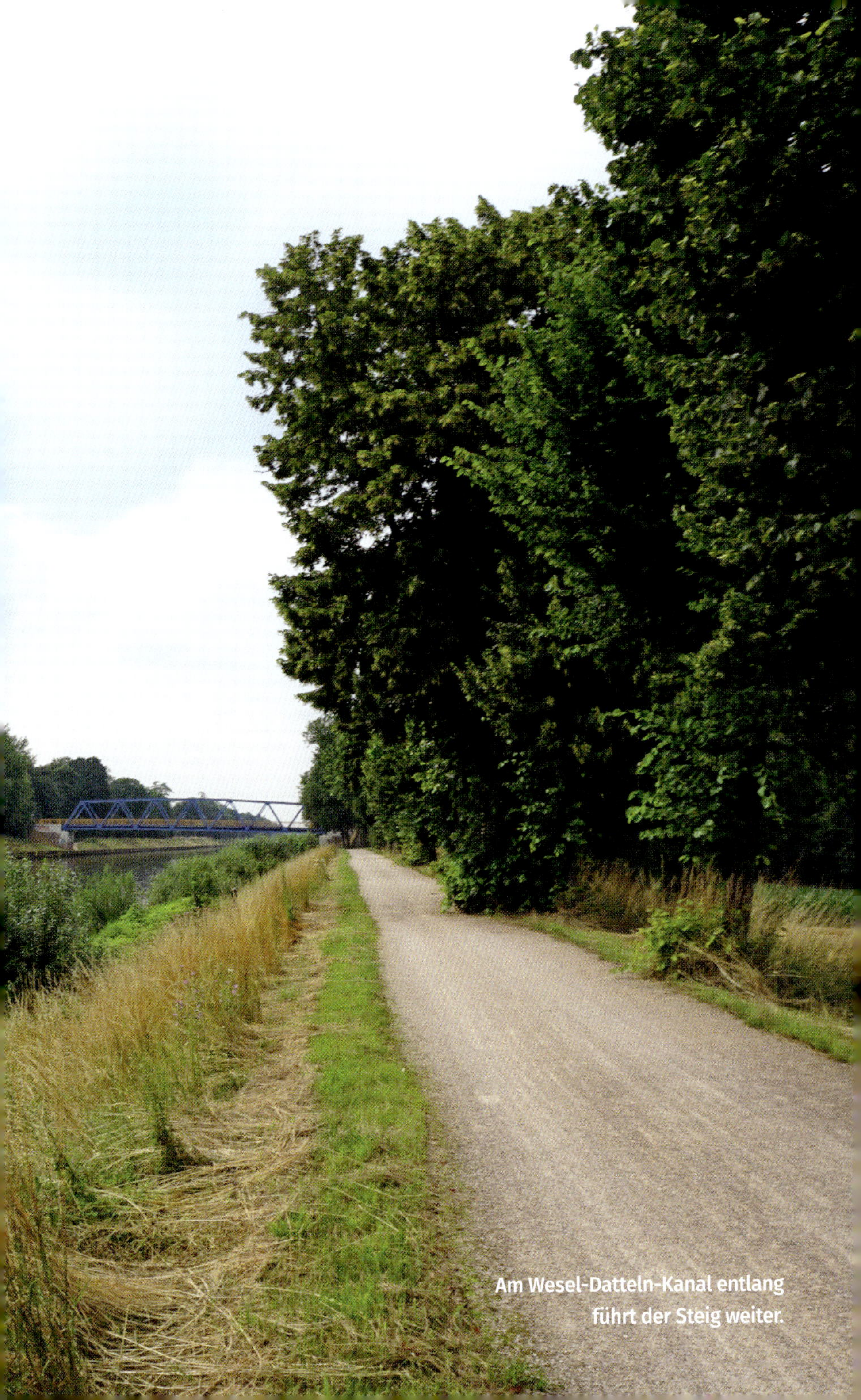

Am Wesel-Datteln-Kanal entlang
führt der Steig weiter.

Am Weg

Haus Vogelsang

Das Haus Vogelsang war einst ein mittelalterliches festes Haus, das auf einer künstlichen Insel errichtet wurde – Hausteich und eine Vorburg mit Wassergraben wurden gebaut, und ab 1331 war es im Besitz Konrads von Rechede, der als Erbmarschall des Fürstbistums Münster der Ritterschaft vorstand. Die adeligen Besitzer wechselten häufig, und die unterschiedlichen Gebäude stammen aus mehreren Epochen. Auch eine Wassermühle, die östlich liegt, gehört zum stolzen Anwesen. Zurzeit ist das Haus Vogelsang im Besitz der Ruhrkohle AG, die es zu Wohnungen und einem Bürogebäude umgebaut hat.

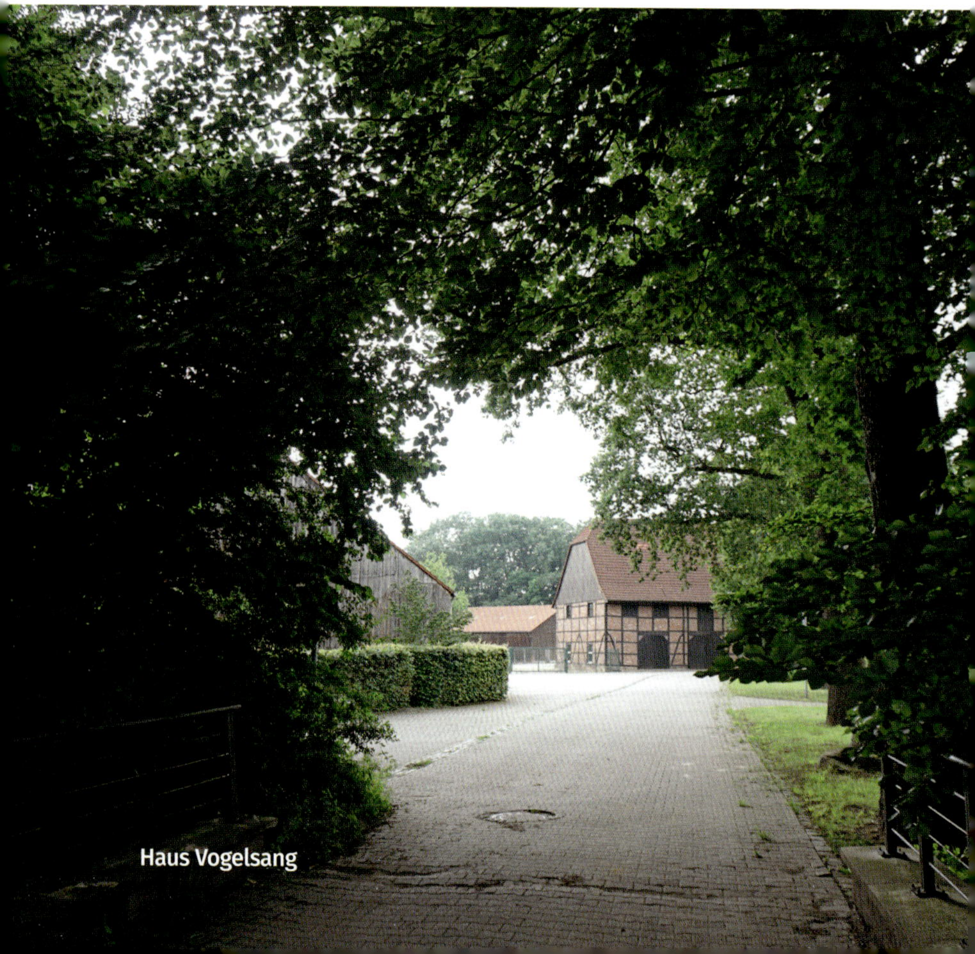

Haus Vogelsang

Hinter der Schleuse biegen wir zunächst links, sofort rechts und gleich noch einmal links ab, sodass wir direkt unterhalb der Schleuse Richtung Haus Vogelsang gehen, das sich in Privatbesitz befindet. Davor wenden wir uns nach rechts und folgen dem Weg durch die Absperrung ins Naturschutzgebiet an den Lippeauen und nehmen an der Gabelung den rechten Weg. Hinter dem Picknickplatz gegenüber dem Storchenturm biegen wir rechts ab, um dann die nächste Abzweigung nach links zu nehmen.
Eine kleine Straße führt uns schließlich bis unter den Deich des Wesel-Datteln-Kanals. Der Steig führt direkt geradeaus hinauf und

Info

Kanal Alte Fahrt

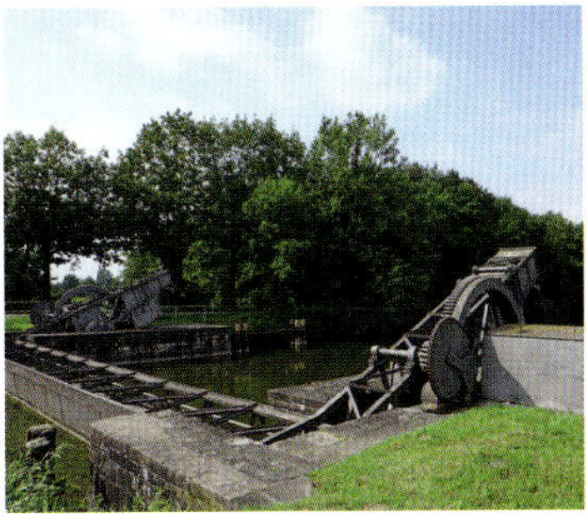

Das Wehr am Beginn der Alten Fahrt

Die Alte Fahrt ist ein 8,6 Kilometer langer, stillgelegter Abschnitt des Dortmund-Ems-Kanals. Im Bereich der Alten Fahrt wurde der Kanal zwischen teils 12 Meter hohen Dämmen hindurchgeführt. Drei Straßen, die Lippe und die Stever überquert der Kanal in diesem Bereich über beeindruckende Brückenkonstruktionen. Da diese aber keinen Gegenverkehr zuließen, verzögerte sich der immer weiter zunehmende Verkehr hier in nicht tragbarer Weise, weswegen „Zweite Fahrten" notwendig wurden. Die arbeiten daran wurden Ende der 1920er-Jahre zunächst als Arbeitsbeschaffungsmaßnahme durchgeführt, später setzten die Nationalsozialisten Häftlinge aus dem emsländischen KZ-Börgermoor ein.
In den 1980er-Jahren wurde die Alte Fahrt als Erholungs- und Wasserfläche für die Bevölkerung renaturiert. Die Dämme wurden aufgeschüttet und sind heute mit Bäumen bewachsen, durch die Rad- und Wanderwege führen. So ist die Alte Fahrt heute Erholungsort für Menschen und Wohnort für Tiere und Pflanzen in den neu entstandenen Biotopen.

dann links weiter, bis nach der nächsten Schleuse der Weg immer am Wasser entlang links herumführt. Links erscheint die Alte Fahrt, ein stillgelegter Kanal, und wir wandern an seiner rechten
Erst dort, wo sich der Kanal nach zwei Aquädukten wieder auf Umgebungsniveau gesenkt hat, wechseln wir an das linke Ufer und nehmen die Brücke über die Landstraße. Direkt dahinter biegen wir rechts ab und erreichen immer noch an der Alten Fahrt das ehemalige Hafenbecken.
Die Route bleibt auf dem Damm, lässt die Stadt links liegen und nimmt erst kurz vor der Dreibogenbrücke den sanft in einer Serpentine zur linken Seite abzweigenden Weg Richtung Steverauen. Zunächst geht es über einen Passionsweg und am Jüdischen Friedhof vorbei bis zu einer Tafel, die über die Esel an der Stever informiert. Davor wenden wir uns nach rechts.
An der Landstraße biegen wir nach links in die Birkenallee ab, wo wir anders als der offizielle Hohe Mark Steig diese Etappe beenden.

Info

Steverauen

In der unberührten Auenlandschaft wird sichtbar, was Renaturierung bewirken kann. Ziel war es, die Stever wieder in einen natürlichen Flusslauf zu bringen – das Ergebnis sind 120 Hektar Natur pur, eine Auenlandschaft mit Störchen, Eisvögeln, Fischreihern, Wildgänsen und Uferschwalben und natürlich zahlreichen Kleintieren.
Den Anfang machte die Ansiedlung der halbwilden Heckrinder und Konikpferde. Allein ihr Fressverhalten sollte die Auenlandschaft wieder in ihren Ursprungszustand versetzen. Zu den Pferden und Rindern kamen Poitou- und Katalanische Riesenesel hinzu. Das Weideland mit kleinen Baumgruppen und Buschwerk sollte neuer Lebensraum für Brutvögel und Pflanzenarten werden. Und dazwischen die Stever, die sich ihren Flusslauf zurückerobern durfte: Heute ist es ein wahrer Naturgenuss, durch die Auen zu wandern und die unterschiedlichen Tiere zu beobachten.

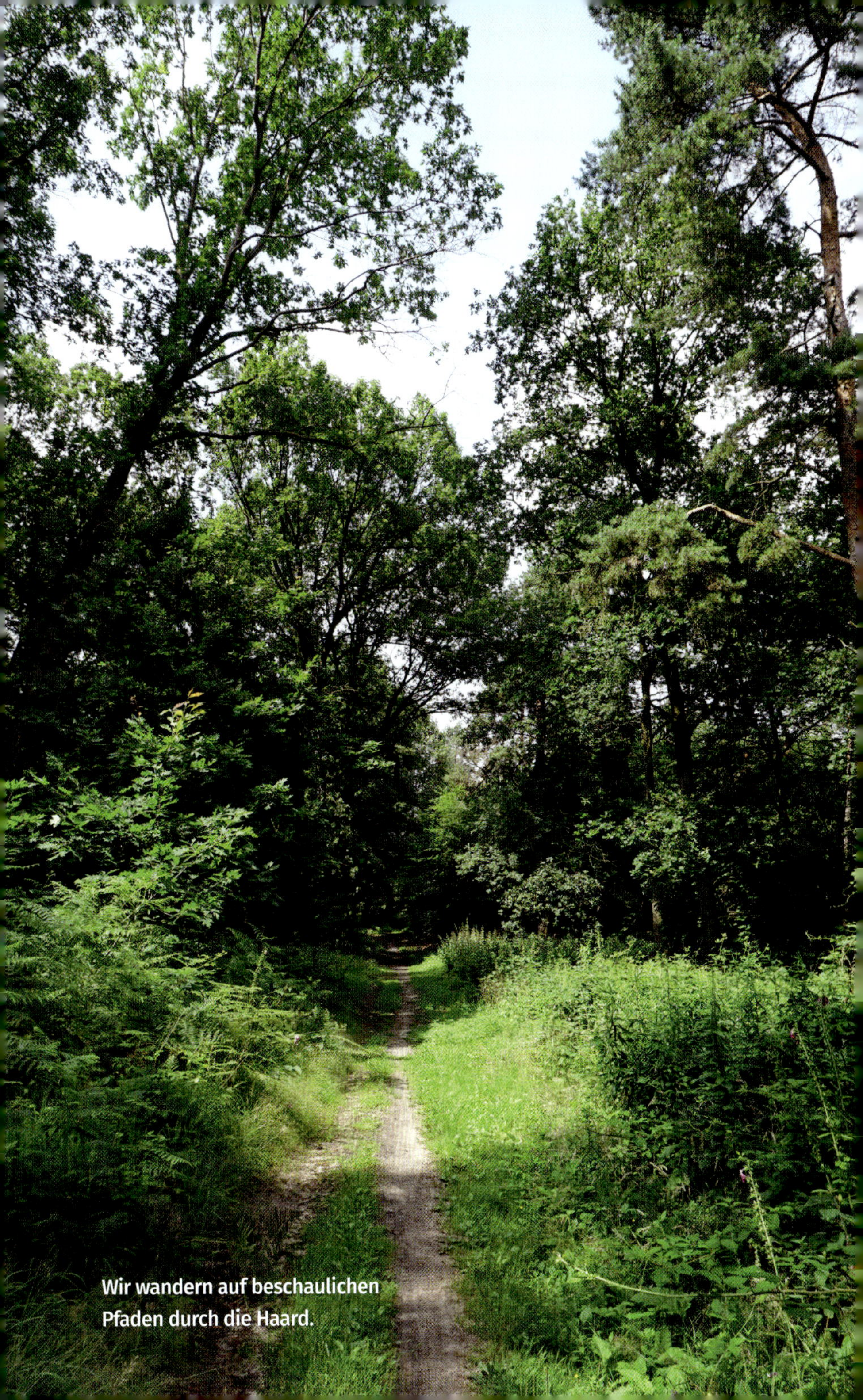

Wir wandern auf beschaulichen
Pfaden durch die Haard.

Am Weg

Dreibogenbrücke

Die Dreibogenbrücke wurde vom königlich-preußischen Architekten Karl Hinckeldeyn im Stil des Historismus 1894 gebaut und ist eine von drei historischen Kanalbrücken über die Stever. Sie besteht genau wie die anderen aus Ruhrsandstein. Der Kanal mitsamt den Schiffen wurde auf der Brücke über die Stever geführt. Dies war eine technische Meisterleistung. Heute ist das einstige Kanalbett im Bereich der Brücke verfüllt und mit Fahrrad- und Wanderweg neu erschlossen. Von der Brücke hat man einen beeindruckenden Blick in die Sterverauen. Die Brücke liegt nur 150 Meter von der Hauptroute entfernt. Wer in Olfen einfach auf dem Damm bleibt, gelangt dorthin und biegt davor links ab. Am nächsten Querweg rechts ist der Hohe Mark Steig wieder erreicht.

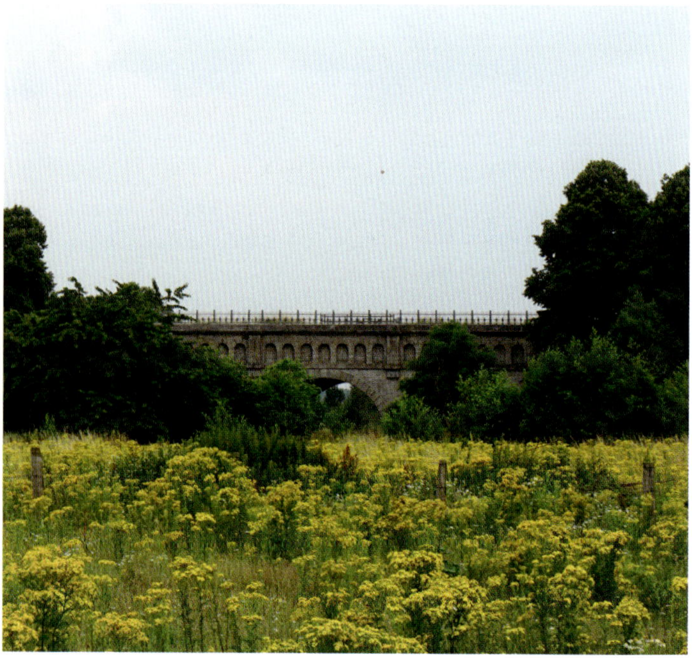

Gastronomie

Heidestübchen, Ahsener Allee 3, 45711 Datteln, Telefon 02363/34464, www.feriencamp-ahsener-heide.de

Haardstübchen, Am Gerneberg 13, 45711 Datteln, Telefon 0176/96456080

Zum Ankerplatz, Natroper Weg 7, 45711 Datteln, Telefon 02363/568981, www.zumankerplatz.de

Landgasthaus Klaukenhof, Pelkumer Weg 51, 45711 Datteln, Telefon 02363/365037, www.freizeitpark-klaukenhof.de

Diverse in Olfen

Übernachtung

Übernachten am Start

Hotel Stimbergpark, Am Stimbergpark 78, 45739 Oer-Erkenschwick, Telefon 02368/1067, www.stimbergpark.de

Übernachten am Weg

Jammertal Resort, Redder Straße 421, 45711 Datteln-Ahsen, Telefon 02363/3770, www.jammertal.de

Bittscheidts Stadthotel, Bülowstraße 99, 45711 Datteln, Telefon 02363/3910, www.bittscheidt.de

Hotel zur Schleuse, Ostring 112, 45711 Datteln, Telefon 02363/362475, www.hotel-zur-schleuse-datteln.de

Hotel zum Ring, Ostring 41, 45711 Datteln, Telefon 02363/4265, www.schwarzien.de

Landgasthaus Klaukenhof, Pelkumer Weg 51, 45711 Datteln, Telefon 02363/365037, www.freizeitpark-klaukenhof.de

Zur Rauschenburg, Lehmhegge 22, 59399 Olfen, Telefon 0236/331911, www.hotel-zur-rauschenburg.de

Hotel Restaurant Mutter Althoff, Hauptstraße 42, 59399 Olfen-Vinnum, Telefon 02595/38795-51, www.mutter-althoff.de

Übernachten am Ziel

Hotel Gasthaus Steverstrand, Lüdinghauser Straße 31, 59399 Olfen, Telefon 02595/3077, www.steverstrand.de

OlfenLodge, Kanalstr. 9, 59399 Olfen, Telefon 02595/9144, www.olfenlodge.de

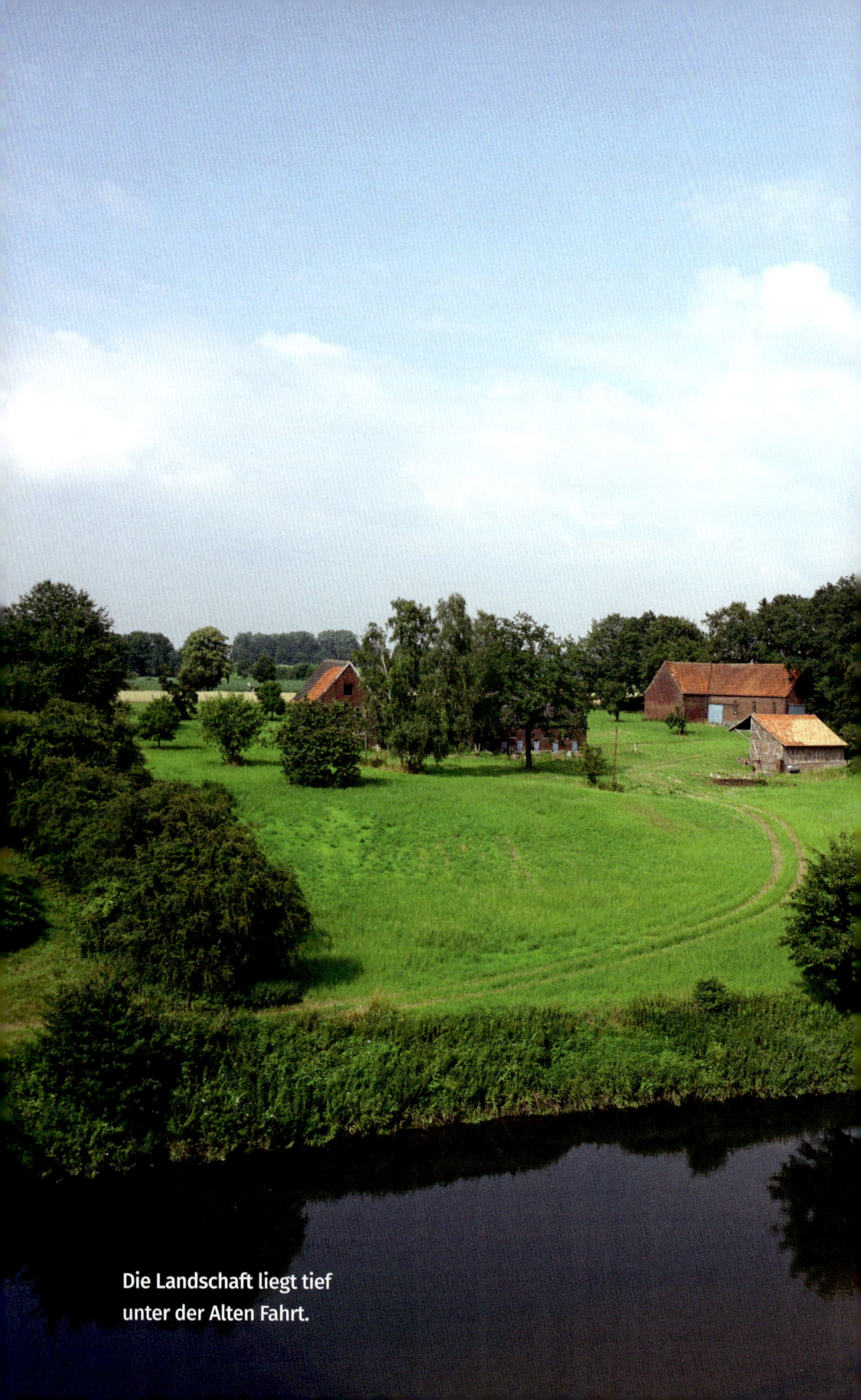

Die Landschaft liegt tief
unter der Alten Fahrt.

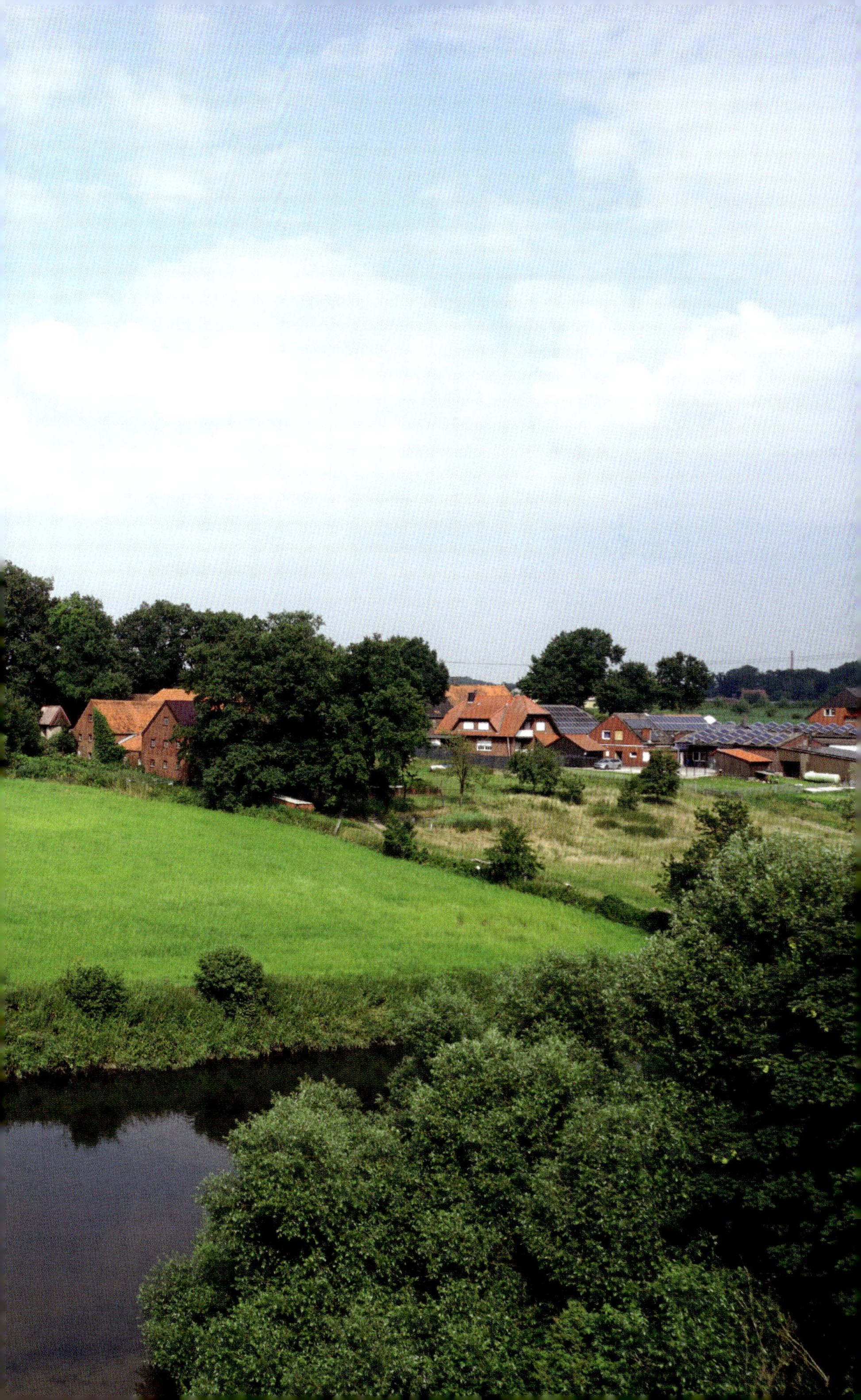

Etappe 6

- Startpunkt
- Zwischenziele
- Zielpunkt
- Parkplatz
- Gastronomie
- Übernachtung
- Sehenswürdigkeit
- Naturerlebnis
- Freizeitspaß

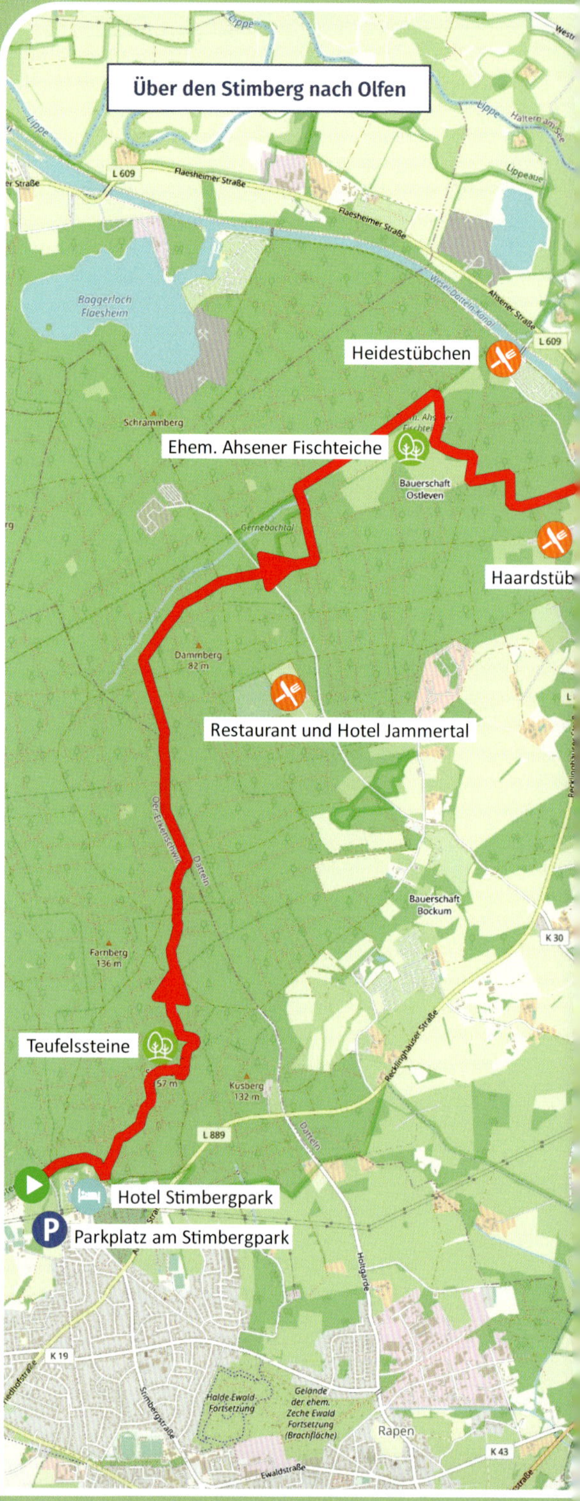

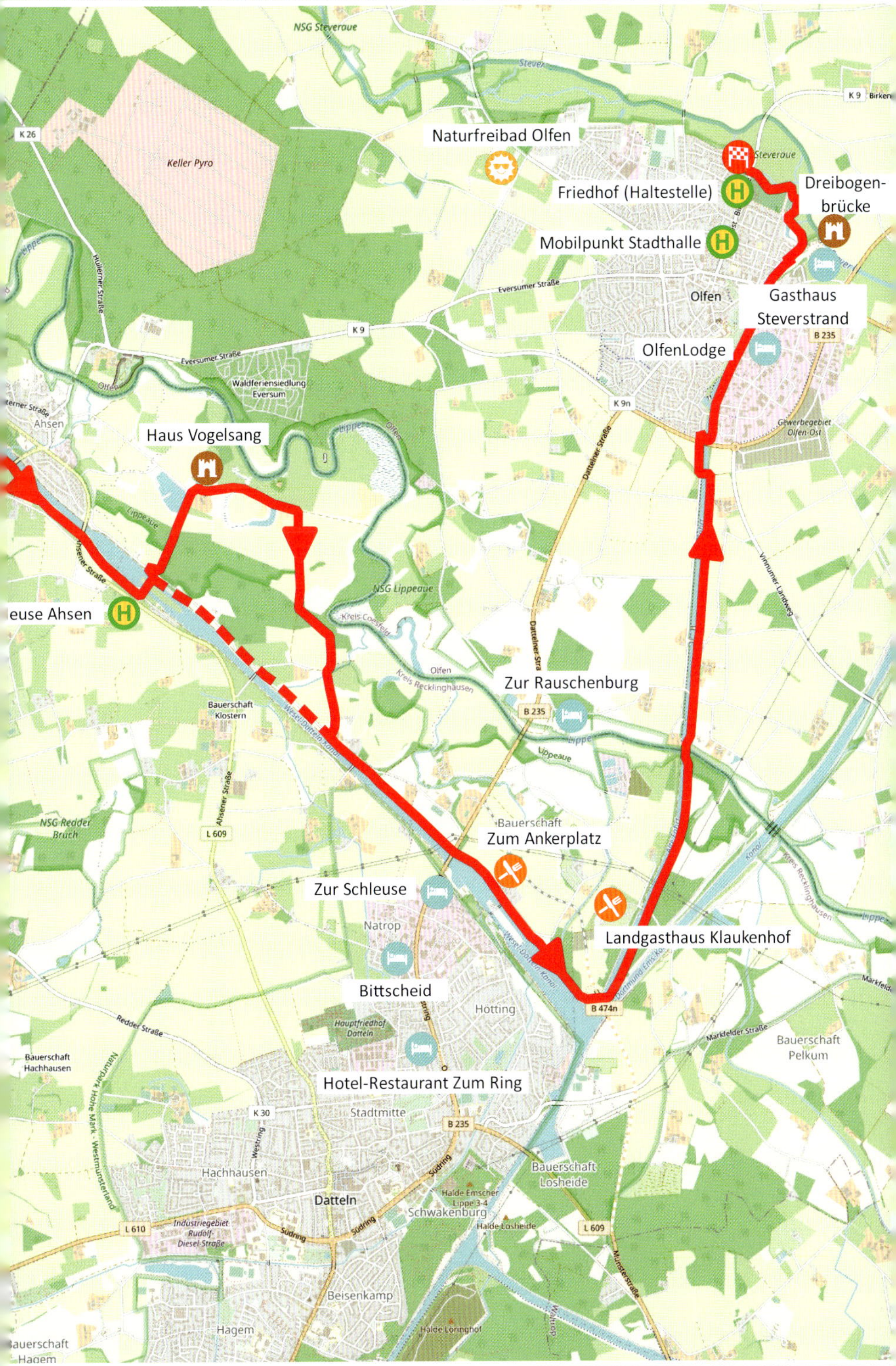

Naturfreibad Olfen
Friedhof (Haltestelle)
Dreibogen-
brücke
Mobilpunkt Stadthalle
Olfen
Gasthaus
Steverstrand
OlfenLodge
Haus Vogelsang
euse Ahsen
Zur Rauschenburg
Zum Ankerplatz
Zur Schleuse
Landgasthaus Klaukenhof
Bittscheid
Hotel-Restaurant Zum Ring
NSG Steveraue
Keller Pyro
Waldferiensiedlung Eversum
Ahsen
NSG Lippeaue
Bauerschaft Klostern
NSG Redder Bruch
Natrop
Hotting
Stadtmitte
Hachhausen
Datteln
Schwakenburg
Beisenkamp
Hagem
Bauerschaft Pelkum
Bauerschaft Losheide
Halde Loringhof
Gewerbegebiet Olfen-Ost

Nah am Wasser

Von Olfen nach Haltern

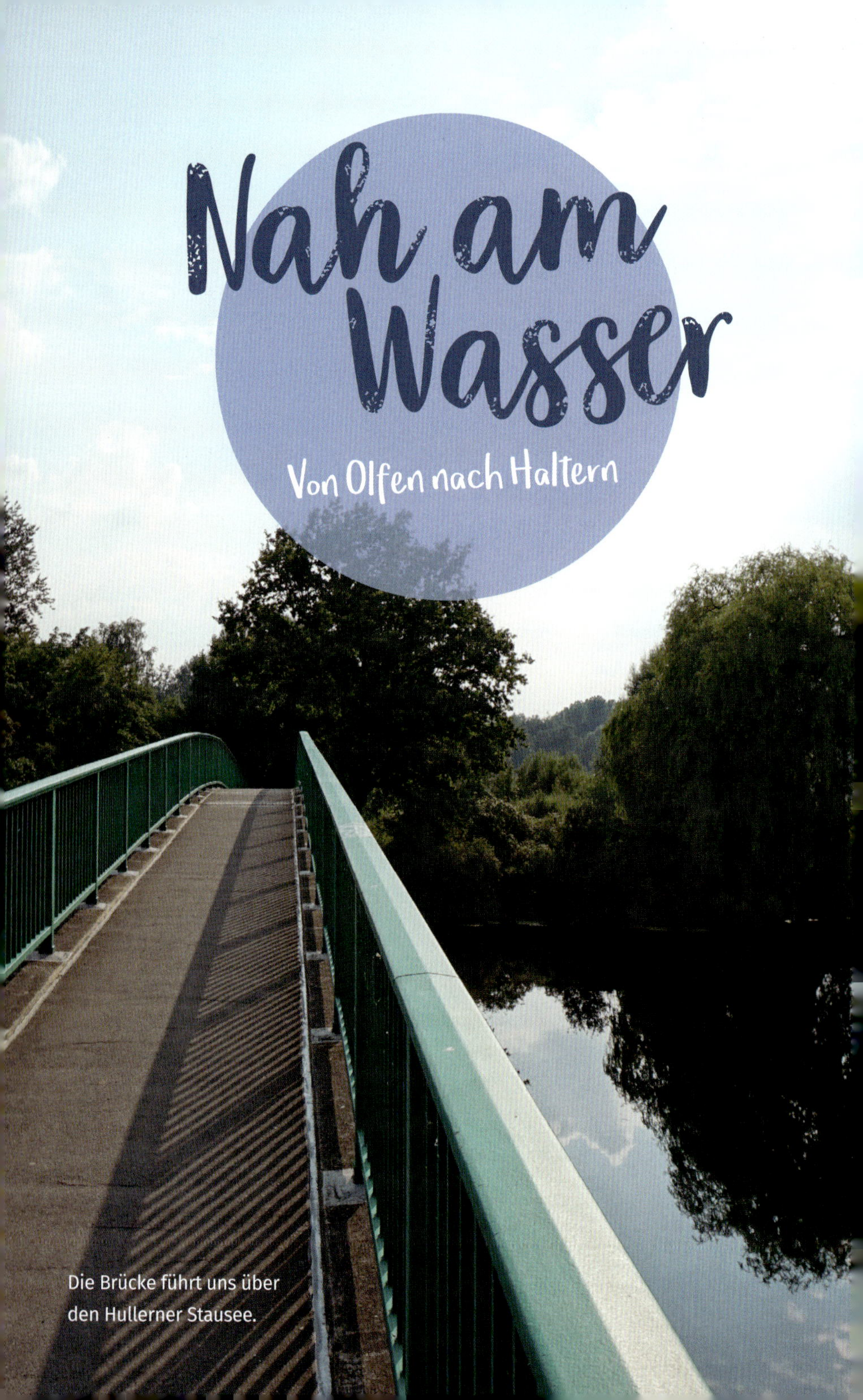

Die Brücke führt uns über den Hullerner Stausee.

Die Stever und ihre beiden Stauseen, der Hullerner und der Halterner Stausee, prägen diese Etappe: der ruhige und für die Trinkwasserversorgung abgeschirmte Hullerner See, um den herum der Weg oft durch schönsten Buchenwald führt, der Übergang zum Halterner See an der Stever entlang, die auf diesem recht kurzen Stück in eine kleine ruhige Wildnis entführt, und dann der Halterner See, an und auf dem es im Sommer bei schönem Wetter fröhlich und ausgelassen zugeht. Einfach zu schön ist ein Ausflug an den See, so zahlreich die Freizeitmöglichkeiten. Auf dem breiten Weg nach Haltern finden trotzdem alle Platz – und auf den zahlreichen Seeterrassen ebenfalls. Ein wunderbarer Abschluss dieser Etappe!

Etappe 7

4:30 Std. | 21 km

Anreise mit ÖPNV: Wer mit dem Bus kommt, wird feststellen, dass es zum Naturbad, an dem diese Etappe des Hohe Mark Steigs eigentlich startet, keine regelmäßige Busverbindung gibt. Als Start wählen wir die in der Karte eingezeichnete Haltestelle Friedhof. Die Linie 91 etwa kommt von Datteln oder Lüdinghausen.
Anreise mit dem Auto: Parkplatz am Friedhof, Birkenallee
Abreise mit ÖPNV: Vom Halterner Bahnhof über Datteln oder über Dülmen und Lüdinghausen bis zur Bushaltestelle Olfen Friedhof
Abkürzungsmöglichkeit: 2,5 Kilometer bzw. etwa 40 Minuten (siehe Variante)

Wegbeschreibung: Der Birkenallee folgen wir stadtauswärts, bis wir hinter dem Friedhof auf der rechten Seite die erste Abzweigung nach links wählen. Vor dem Sportplatz geht es zunächst nach rechts und dahinter nach links weiter, am Aussichtspunkt vorbei geradeaus. Immer direkt an den Auen entlang erreichen wir eine Wohnstraße, an deren Ende wir links abbiegen. Noch einmal rechts abgebogen, führt die Route am Ende der Straße wieder in den Wald. Noch einmal müssen wir links abbiegen, die Straße überqueren und erreichen so das Naturfreibad Olfen.

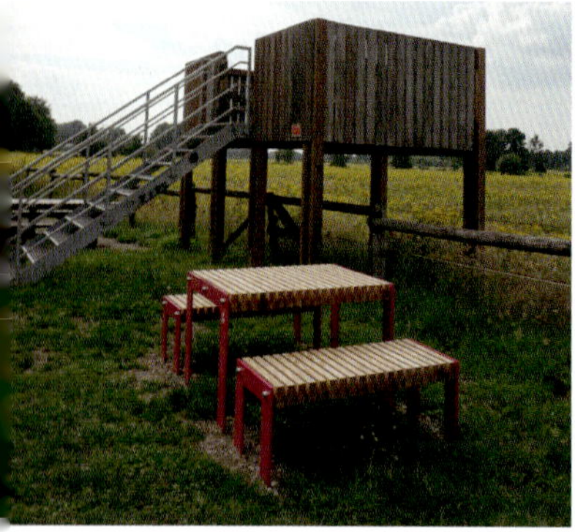

An den Steverauen

Hier wechselt die Beschilderung: Die Markierung der sogenannten Wasserroute des Hohe Mark Steiges ist in einem etwas schwer zu erkennenden Petrol gehalten. Vom Naturbad aus folgen wir den Schil-

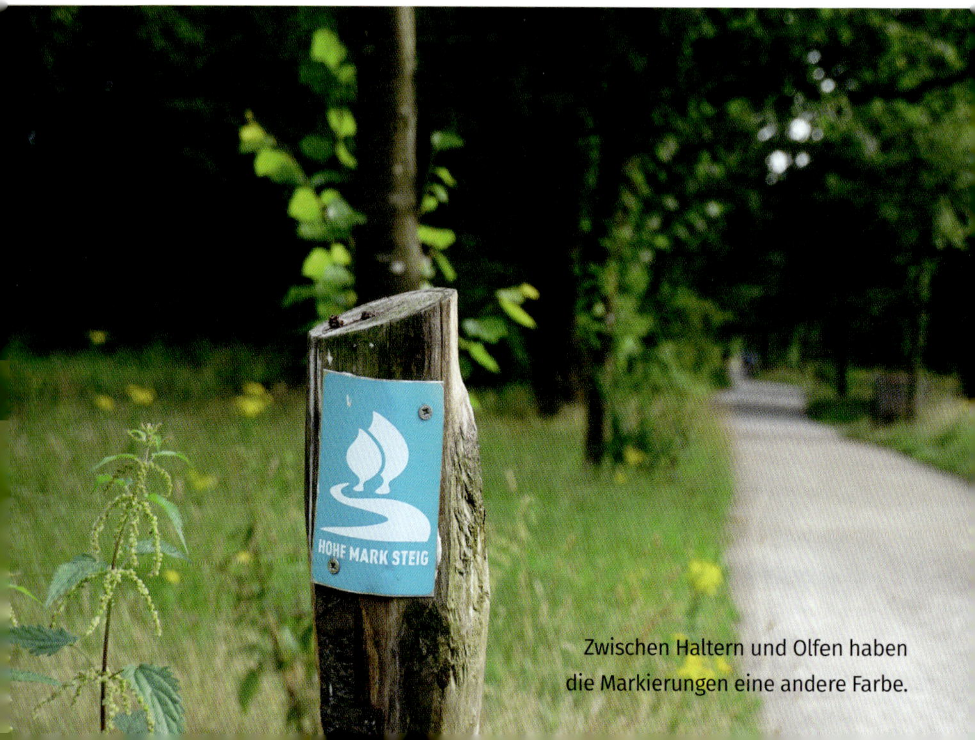

Zwischen Haltern und Olfen haben die Markierungen eine andere Farbe.

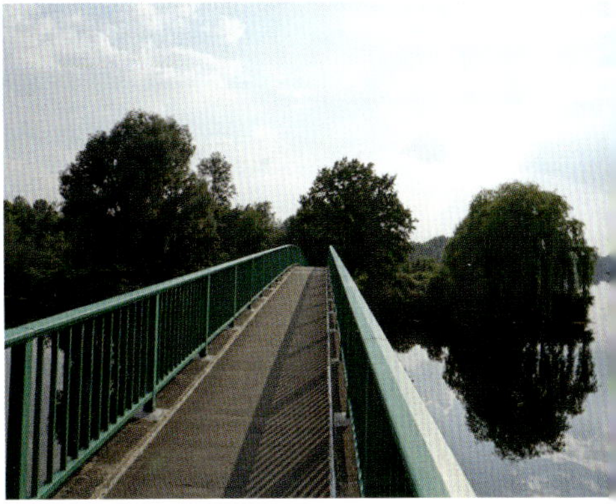

Die Brücke führt uns über den Hullerner See.

dern um das Freizeitgelände herum und biegen in den „Alten Postweg“ nach rechts ab. An den Häusern gehen wir an der Kreuzung geradeaus, und die „Schafsbrücke“ lassen wir rechts liegen und halten uns links.

Für einige Zeit folgen wie diesem Sträßchen, bald an einer Wiese entlang, auf der zwei Windräder stehen. Etwa einen Kilometer später führt ein sehr schmaler Weg nach rechts, der zwar gut ausgeschildert, aber trotzdem leicht zu übersehen ist. Er führt uns auf die Bundesstraße zu und auf deren anderen Seite weiter, bis es geradeaus nicht weitergeht. Dort zweigen wir nach rechts ab.

Variante

Wer an dieser Stelle links geht, trifft gut einen Kilometer weiter westlich wieder auf die Hauptroute. Diese führt auf schönen Wegen um den östlichen Teil des Hullerner Stausees und ist 2,5 Kilometer, also knapp 40 Minuten, länger als diese Variante.

Die Wasserroute erreicht bald eine Straße, die nach links über die Brücke führt. Auch dahinter biegen wir links ab und erreichen den Waldweg, der am Hullerner See entlang leitet. An einem Unterstand wenden wir uns nach links und überqueren eine Brücke. Dahinter folgen wir der Markierung nur dann nach links, wenn wir einen Rastplatz suchen. Sonst gehen wir hier geradeaus, treffen schon 150 Meter weiter wieder auf die Schilder und nehmen von ihnen geleitet die erste Abzweigung nach rechts. Immer entlang des malerischen Sees und oft unter schönen Bäumen wandern wir bis zur Gaststätte Heimingshof, an der wir rechts abbiegen, die Brücke überqueren,

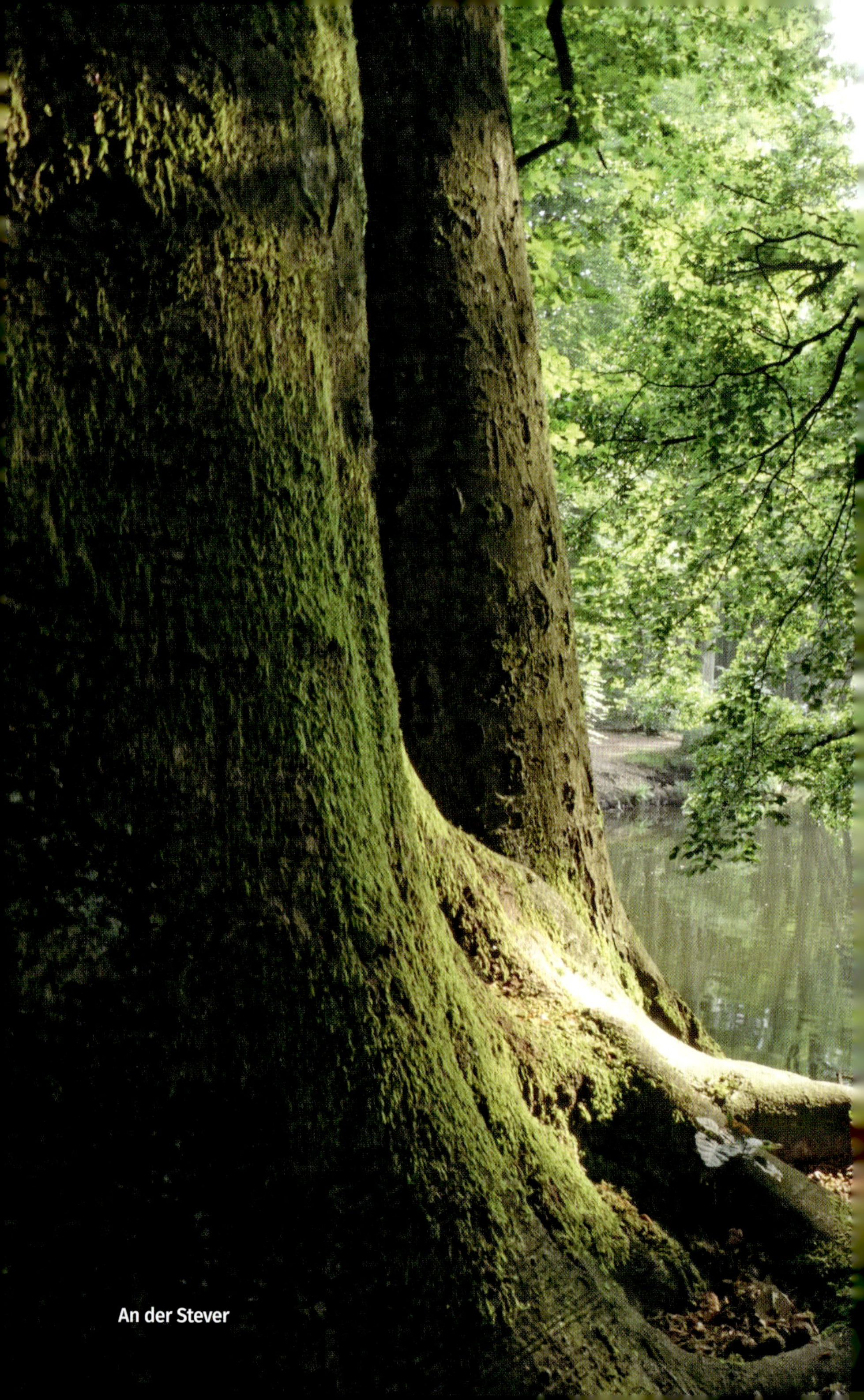

An der Stever

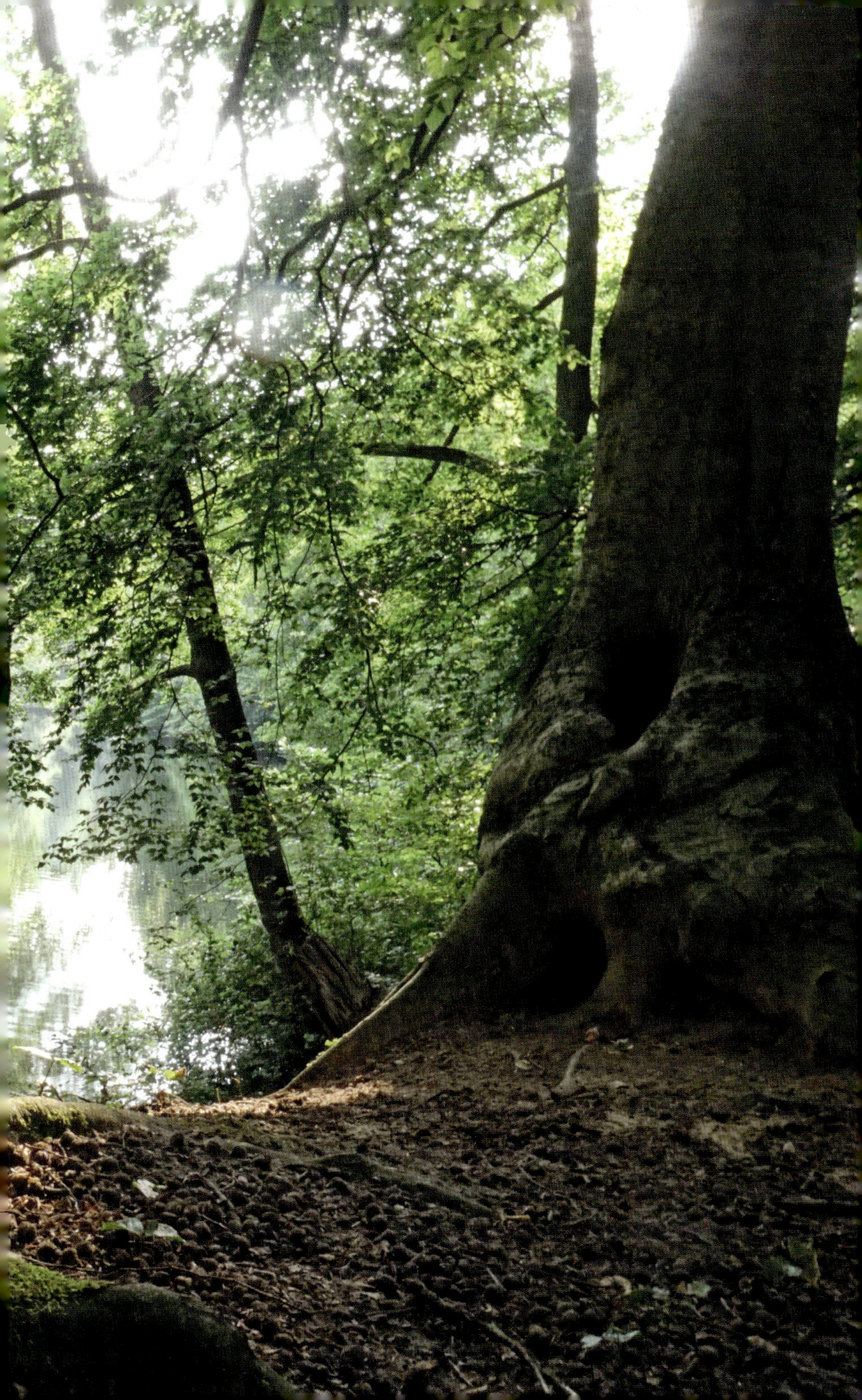

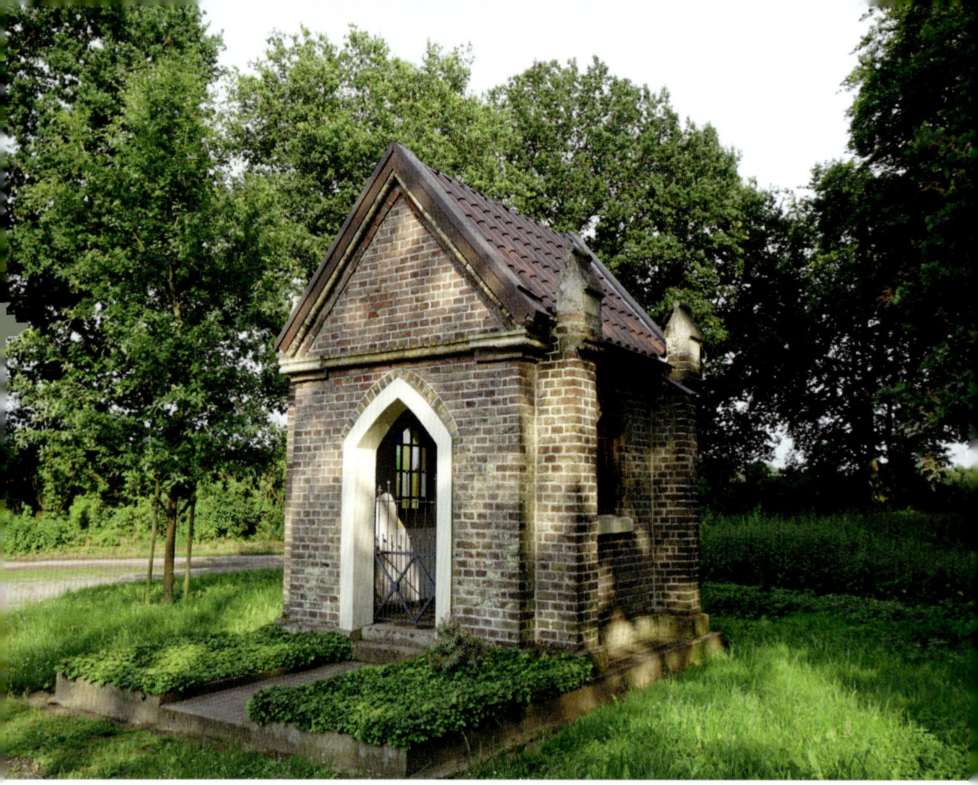

Einige Kapellen säumen den Weg Richtung Haltern.

um dahinter links zu gehen. Hinter dem letzten Haus schwenken wir ganz nah ans Ufer heran und gehen immer direkt am Wasser. Kurz vor einem Biergarten wenden wir uns nach rechts und lassen uns von dem Sträßchen nach links bis zur Landstraße leiten. Dort gehen wir kurz nach rechts und biegen dann ans Seeufer ab. An diesem entlang wandern wir, bis der Freizeitweg in eine Straße übergeht. Hinter den Gaststätten wenden wir uns nach links und wandern zwischen Feld und Allee auf Haltern zu. Noch einmal wenden wir uns nach links, um so nah wie möglich am Ufer zu bleiben. Schließlich gehen wir auf die Bahnlinie zu und an dieser entlang nach links bis zu einer großen Wegkreuzung. Hier endet die petrol beschilderte Wasserroute, und die pinken Zeichen des Hohe Mark Steiges geleiten uns nach rechts durch die Unterführung. Auf der anderen Seite der breiten Straße führt uns die Lipp-Straße bis zum Halterner Marktplatz, wo die Etappe und die dreitägige Haardumrundung enden.

Am Weg

Hullerner Stausee

Still und idyllisch ist es am Hullener See. Kormorane, Haubentaucher, Tafelenten und Graureiher leben hier, und wer Glück hat, sieht sogar den Fischadler seine Runden über dem See ziehen.

Die Talsperre Hullern staut die Stever oberhalb des Halterner Stausees und dient so zur Trinkwassergewinnung. Über die idyllische Zwischenstever fließt das Wasser weiter zum Halterner Stausee.

In niederschlagsarmen Zeiten kommt Wasser aus dem Dortmund-Ems-Kanal dazu. Ein besonderes Highlight ist die ornithologische Führung rund um den See, die von der Touristen-Information in Haltern angeboten wird – vor allem in den Morgenstunden besonders zu empfehlen.

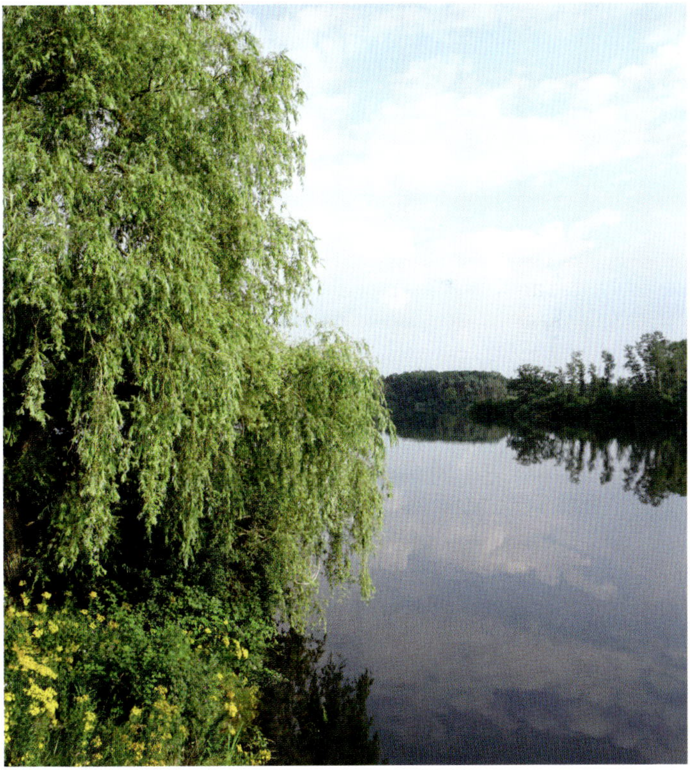

Info

Halterner Stausee

Gebaut wurde die Staumauer von 1927 bis 1930, um das Wasser aus Stever und Halterner Mühlenbach aufzufangen. 1972 wurde der See nochmals deutlich erweitert und besteht aus einem Nordbecken mit einer 30 Hektar großen Insel und einem Südbecken.

Das Trinkwasser wird als Grundwasser entnommen, weswegen Wassersport im Bereich des Nordbeckens erlaubt ist. Ein langer Sandstrand lädt zum Baden ein. Segeln oder eine Fahrt mit dem Ausflugsschiff sind möglich. Auch wer selbst mit einem kleinen Boot fahren möchte, findet viele Möglichkeiten.

Das Seebad punktet mit seinem etwa 800 Meter langen Naturstrand. Geöffnet ist es abhängig von der Wetterlage von Mai bis September – wenn es mindestens 20 Grad warm ist.

Seebad Haltern, Hullerner Str. 52, 45721 Haltern am See, Telefon 02364/2539

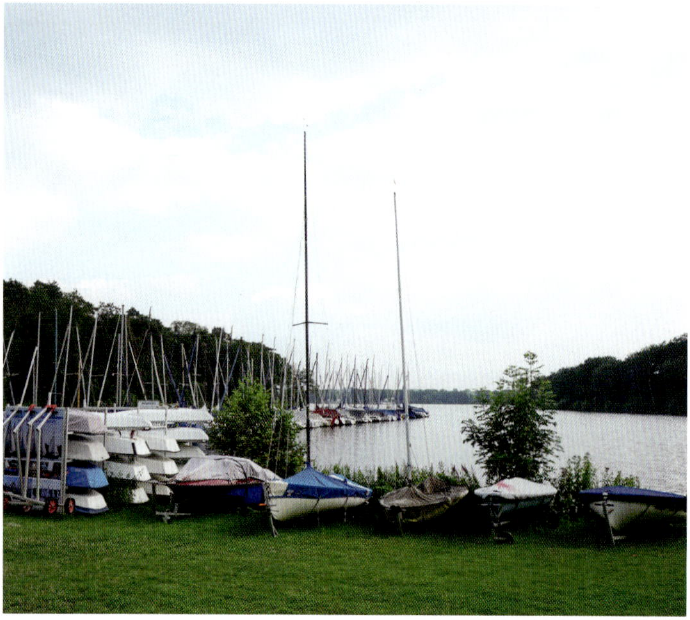

Hafen am Halterner See

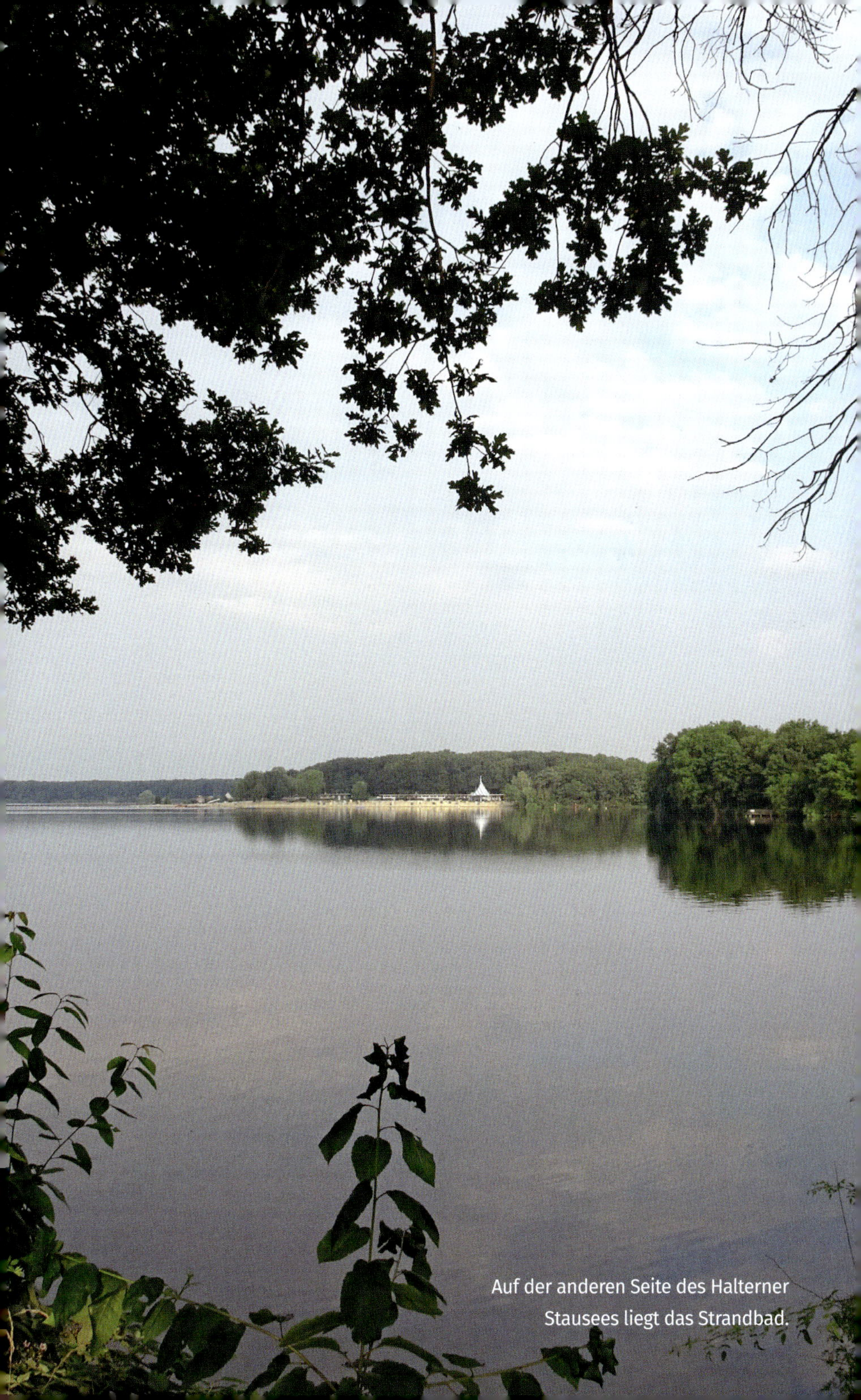

Auf der anderen Seite des Halterner
Stausees liegt das Strandbad.

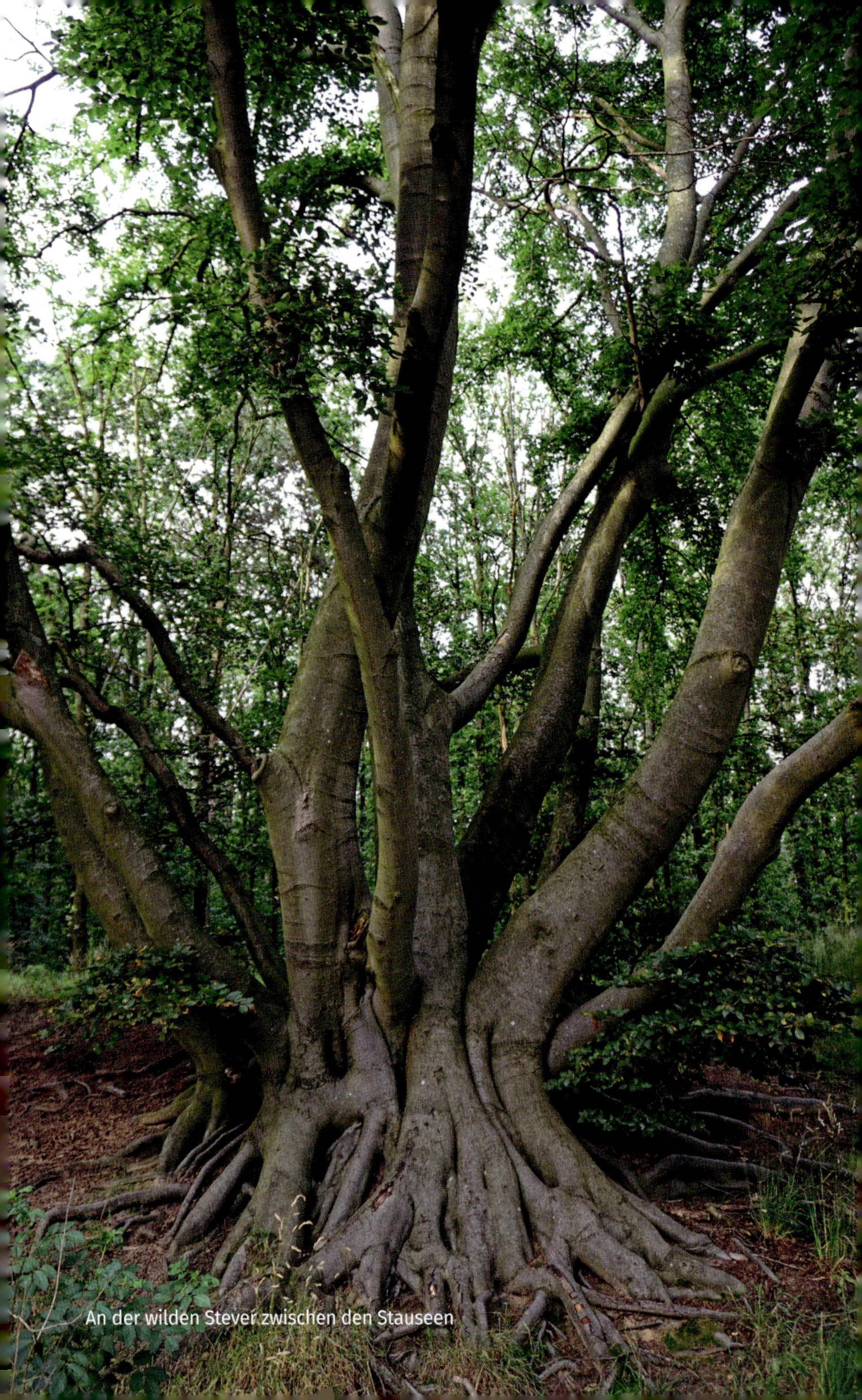
An der wilden Stever zwischen den Stauseen

Gastronomie

Heimingshof, An der Stever 7, 45721 Haltern, Telefon 02364/3509, www.heimingshof.de

Alter Garten, Stockwieser Damm 277, 45721 Haltern, Telefon 02364/5049584, www.altergarten-haltern.de

Zur Kajüte, Strandallee 6, 45721 Haltern, Telefon 02364/5087691, www.rossini-haltern.de

Kombüse, Strandallee 6, 45721 Haltern, Telefon 02364/9529421, www.rossini-haltern.de

Stadtmühle Haltern, Zu den Mühlen 60, 45721 Haltern, Telefon 02364/5416, www.stadtmuehle.restaurant

Diverse in Haltern

Übernachtung

Übernachten am Start

Hotel Gasthaus Steverstrand, Lüdinghauser Straße 31, 59399 Olfen, Telefon 02595/3077, www.steverstrand.de

OlfenLodge, Kanalstr. 9, 59399 Olfen, Telefon 02595/9144, www.olfenlodge.de

Übernachten am Ziel

Pension Abendroth, Mühlenstraße 27, 45721 Haltern am See, Telefon 02364/4639, www.pension-abendroth.de

Ratshotel, Mühlenstraße 3–5, 45721 Haltern am See, Telefon 02364/3465, www.hotel-haltern.de

Gästehaus Sondermann, Rekumer Straße 48, 45721 Haltern am See, Telefon 02364/2259, www.gaestehaus-sondermann.de

Hotel am Turm, Turmstraße 4, 45721 Haltern am See, Telefon 02364/96010, www.hotel-amturm.de

Hotel Seehof, Hullerner Straße 102, 45721 Haltern am See, Telefon 02364/9280, www. wellnesshotel-seehof.de

Jugendherberge Haltern am See, Stockwieser Damm 255, 45721 Haltern am See, Telefon 02364/2258, www.jugendherberge.de/jugendherbergen/haltern-am-see-364//portraet/

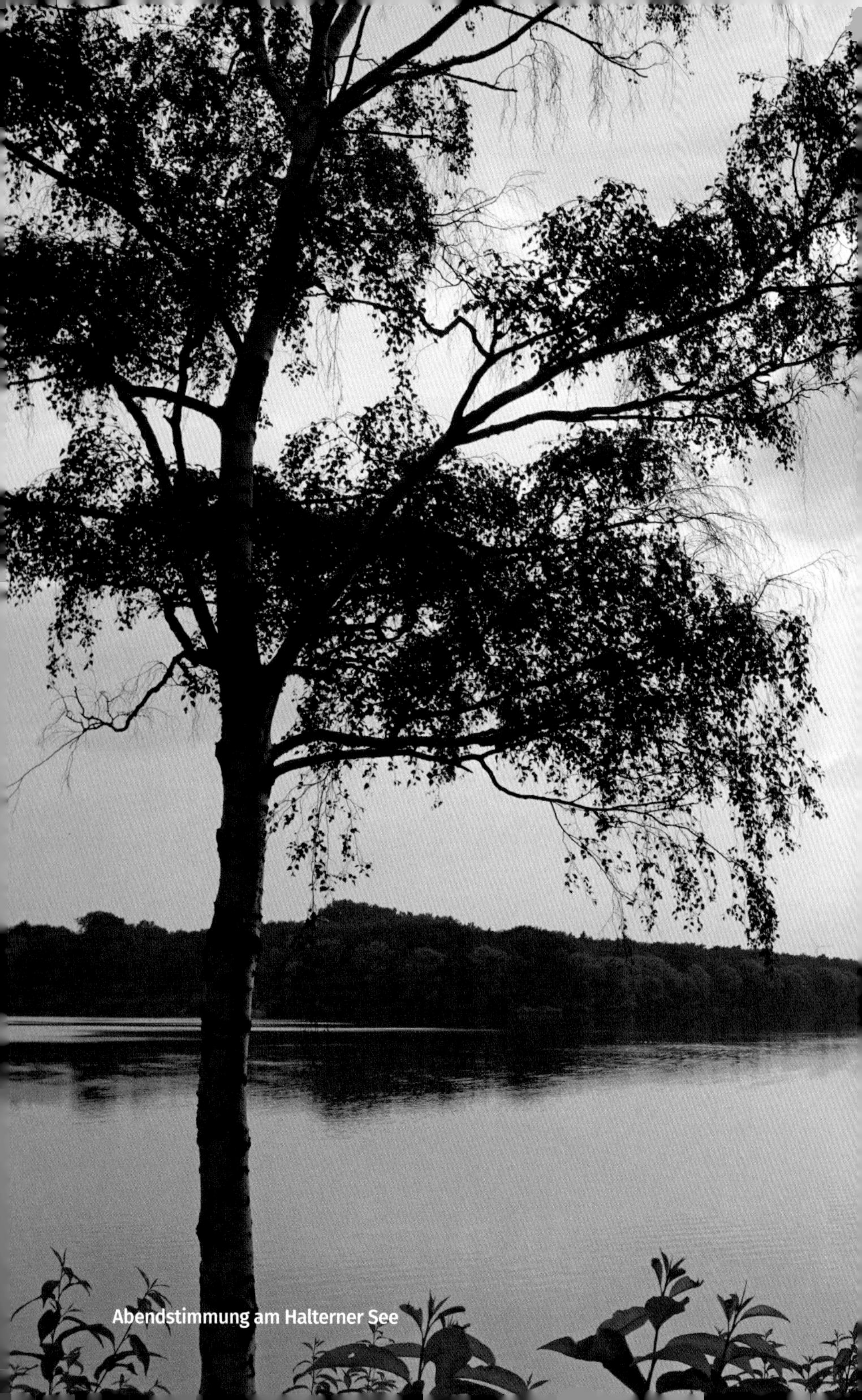

Abendstimmung am Halterner See

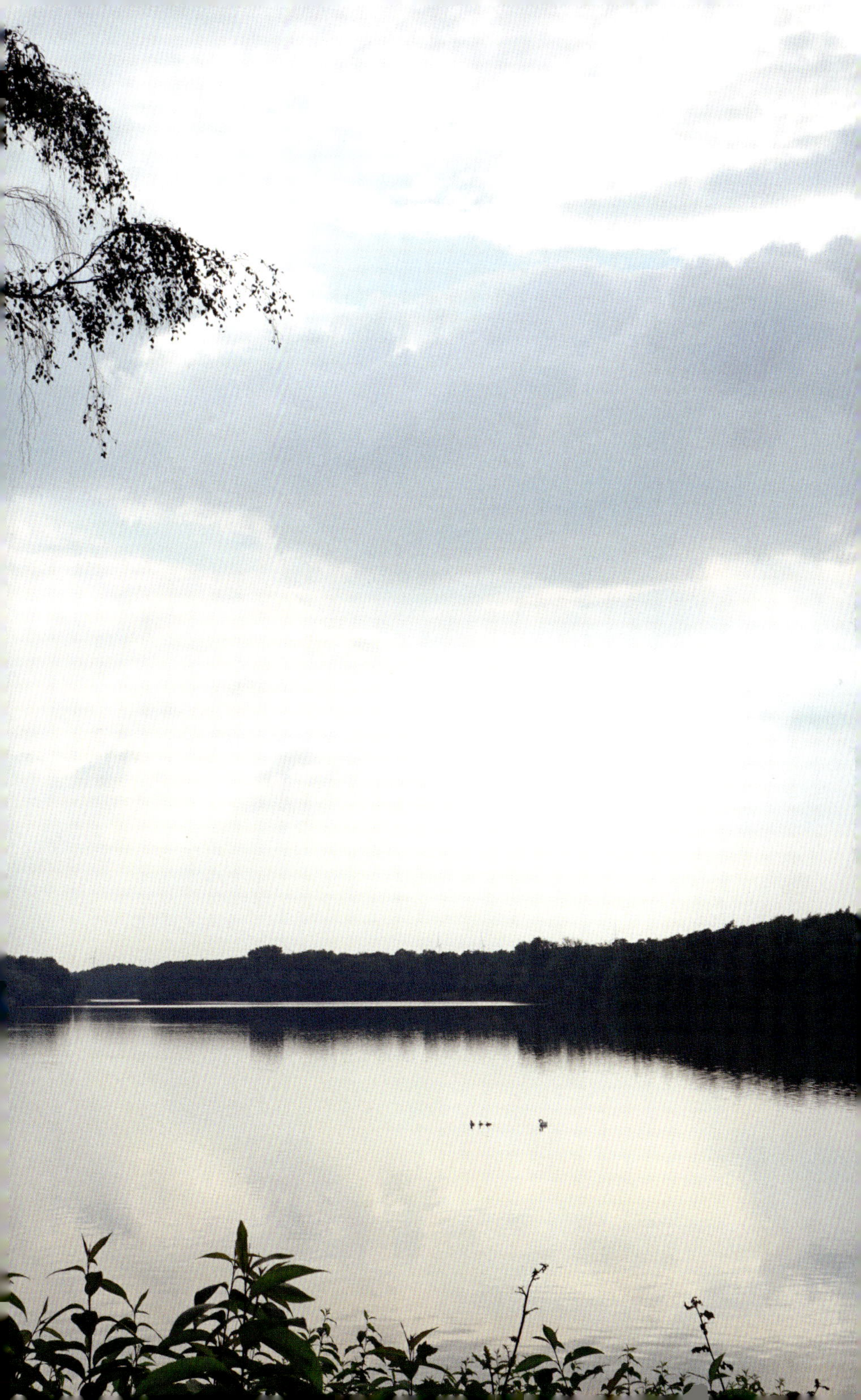

Etappe 7

Startpunkt

Zwischenziele

Zielpunkt

Parkplatz

Gastronomie

Übernachtung

Freizeitspaß

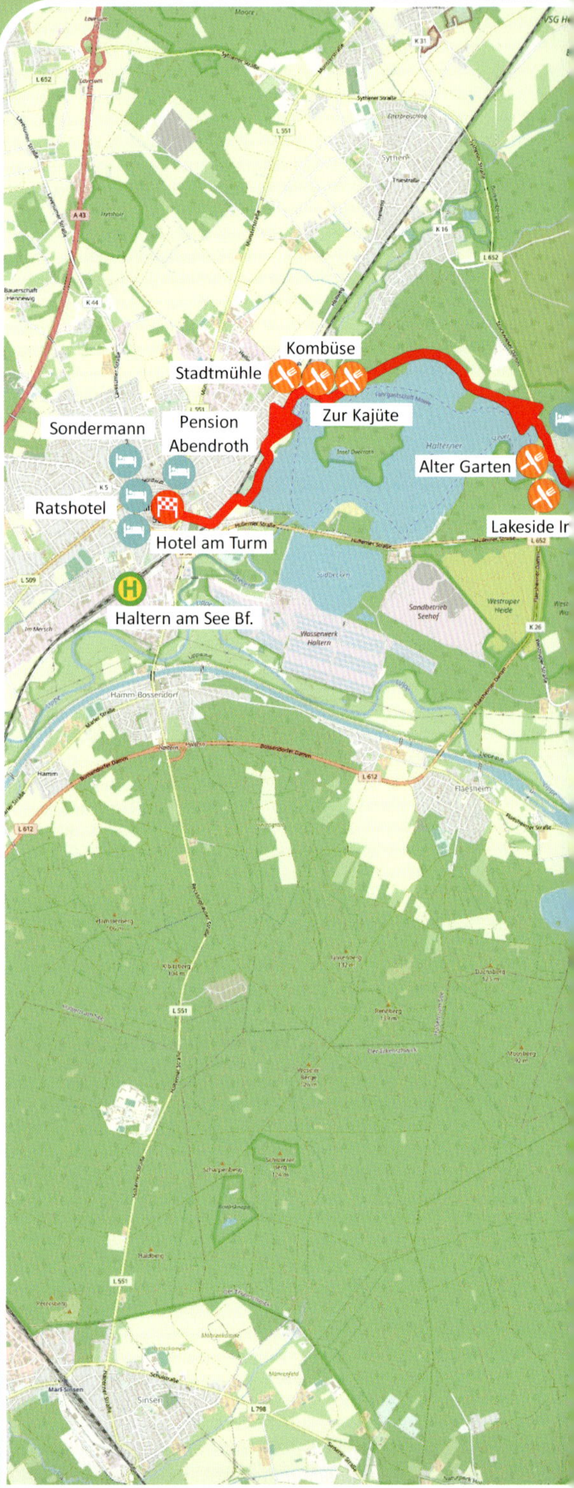

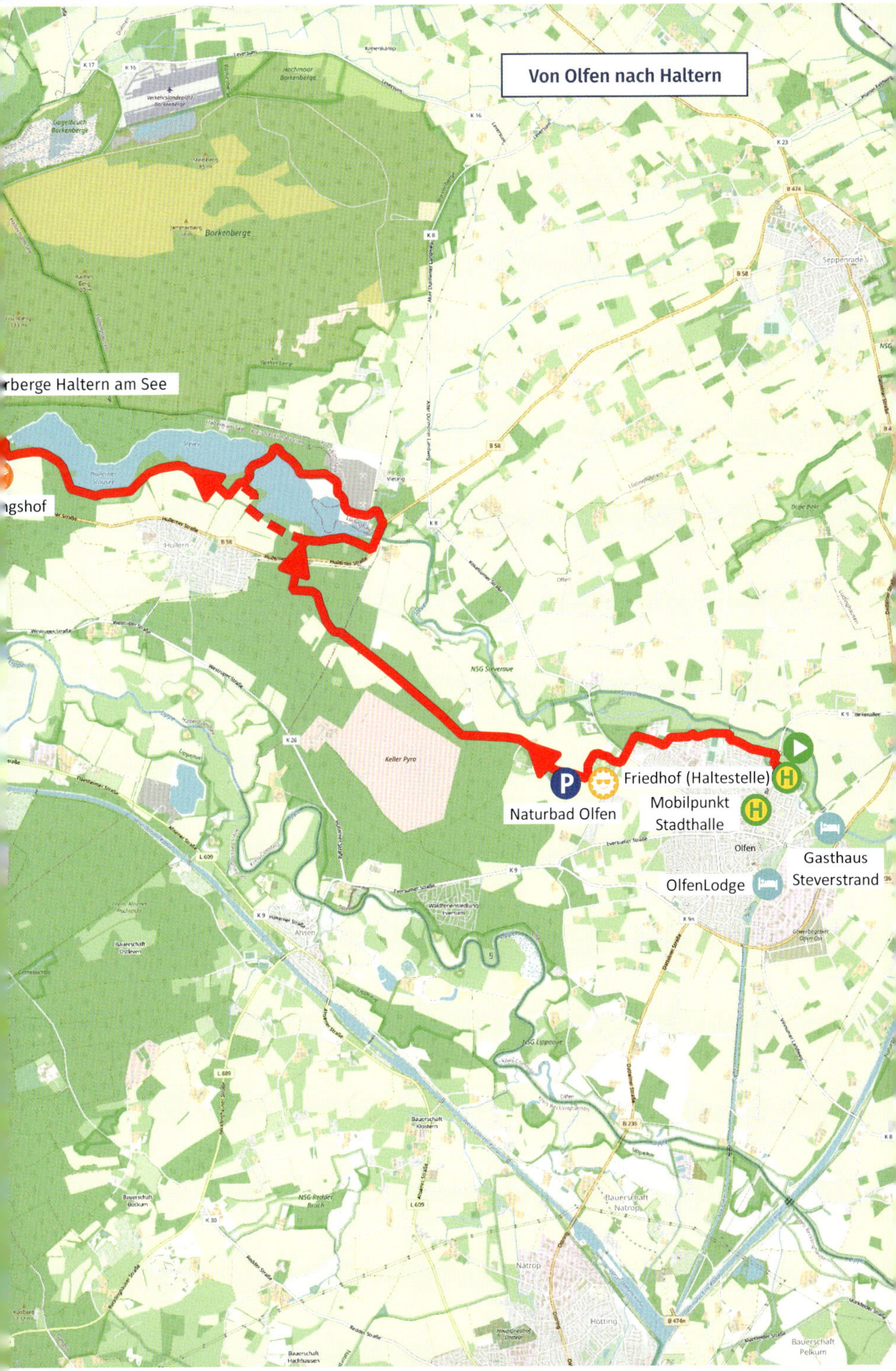
Von Olfen nach Haltern
rberge Haltern am See
gshof
Borkenberge
Naturbad Olfen
Friedhof (Haltestelle)
Mobilpunkt
Stadthalle
Gasthaus
Steverstrand
OlfenLodge
Olfen

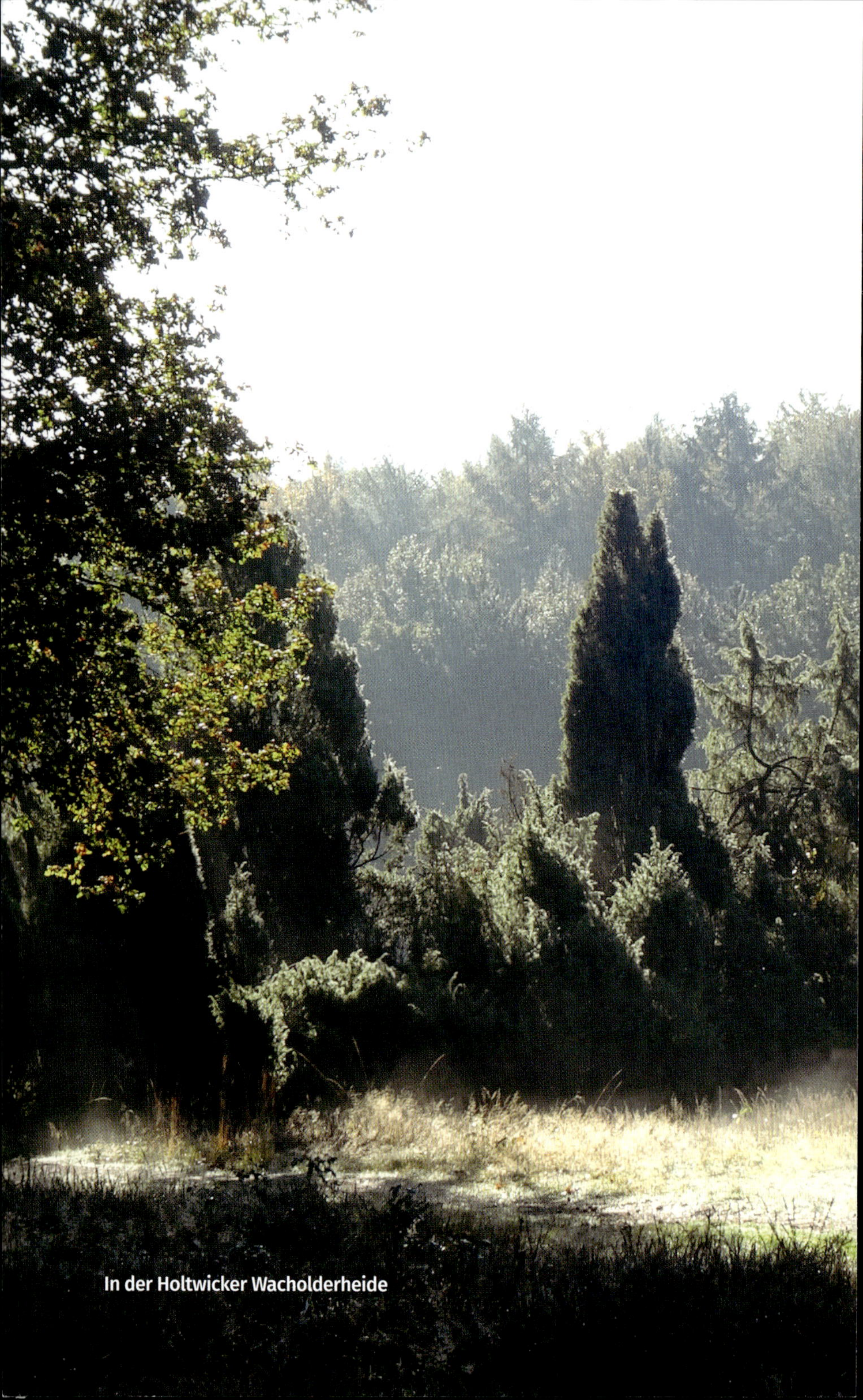
In der Holtwicker Wacholderheide

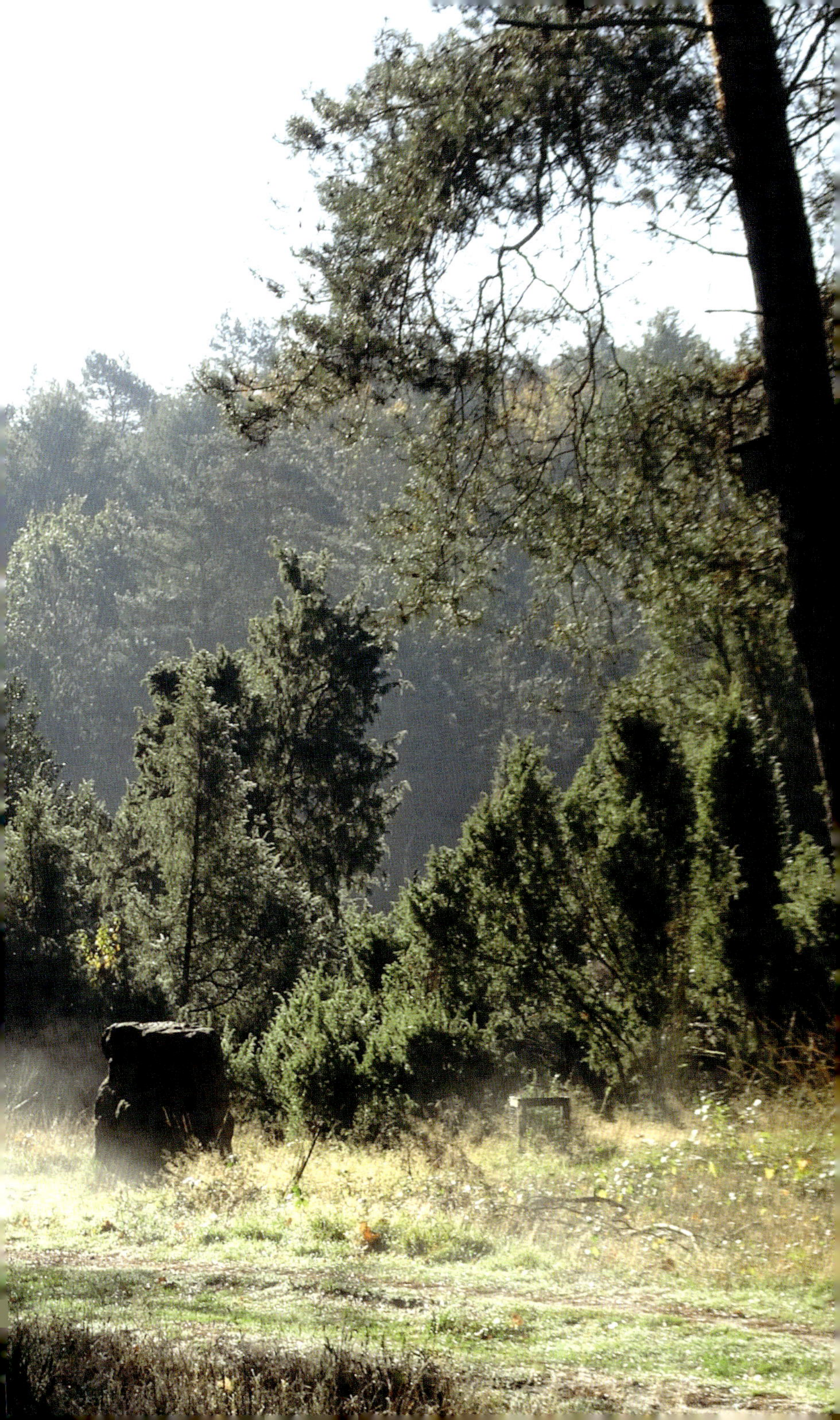

Praktische Hinweise

Selbstverständlich sind alle Touren in diesem Wanderführer erprobt, und die Wegbeschreibungen und Kartenausschnitte sind so detailliert, dass sie auch ohne technisches Gerät problemlos nachgewandert werden können. Wer zur Sicherheit trotzdem die GPX-Daten herunterladen möchte, findet diese auf der Internetseite des Verlages. Da die vorgestellten Wege in die Natur führen, sind sie der Witterung und damit der Veränderung ausgesetzt. Sollten Sie feststellen, dass irgendwo unüberwindbare Hindernisse entstanden sind oder dass die Wegführungen sich verändert haben, dann sind Autorinnen und Verlag für einen Hinweis sehr dankbar.

Die im Buch vorgenommenen Wegzeitberechnungen orientieren sich an der vom Deutschen Wanderverband und von den Alpenvereinen in Deutschland und Österreich angenommenen Durchschnittsgeschwindigkeit von vier Kilometern pro Stunde im ebenen Gelände. Bitte beachten Sie, dass es sich bei diesen Angaben um die reine Gehzeit handelt: Auf vielen dieser Touren ist am Wegrand so viel zu sehen und zu entdecken, dass Sie auf jeden Fall zusätzliche Zeit einplanen sollten – und entsprechend Proviant und Getränke. Und übrigens gilt generell: Wandern geschieht immer auf eigene Gefahr.

Alle Strecken in diesem Wanderführer sind unter normalen Umständen ungefährlich und leicht zu gehen. Sie eignen sich hervorragend für Ausflüge im ganzen Jahr – eigentlich egal, bei welchem Wetter.

Die GPX-Daten zu den Touren finden Sie unter
http://www.klartext-verlag.de/gpx-daten